monograph

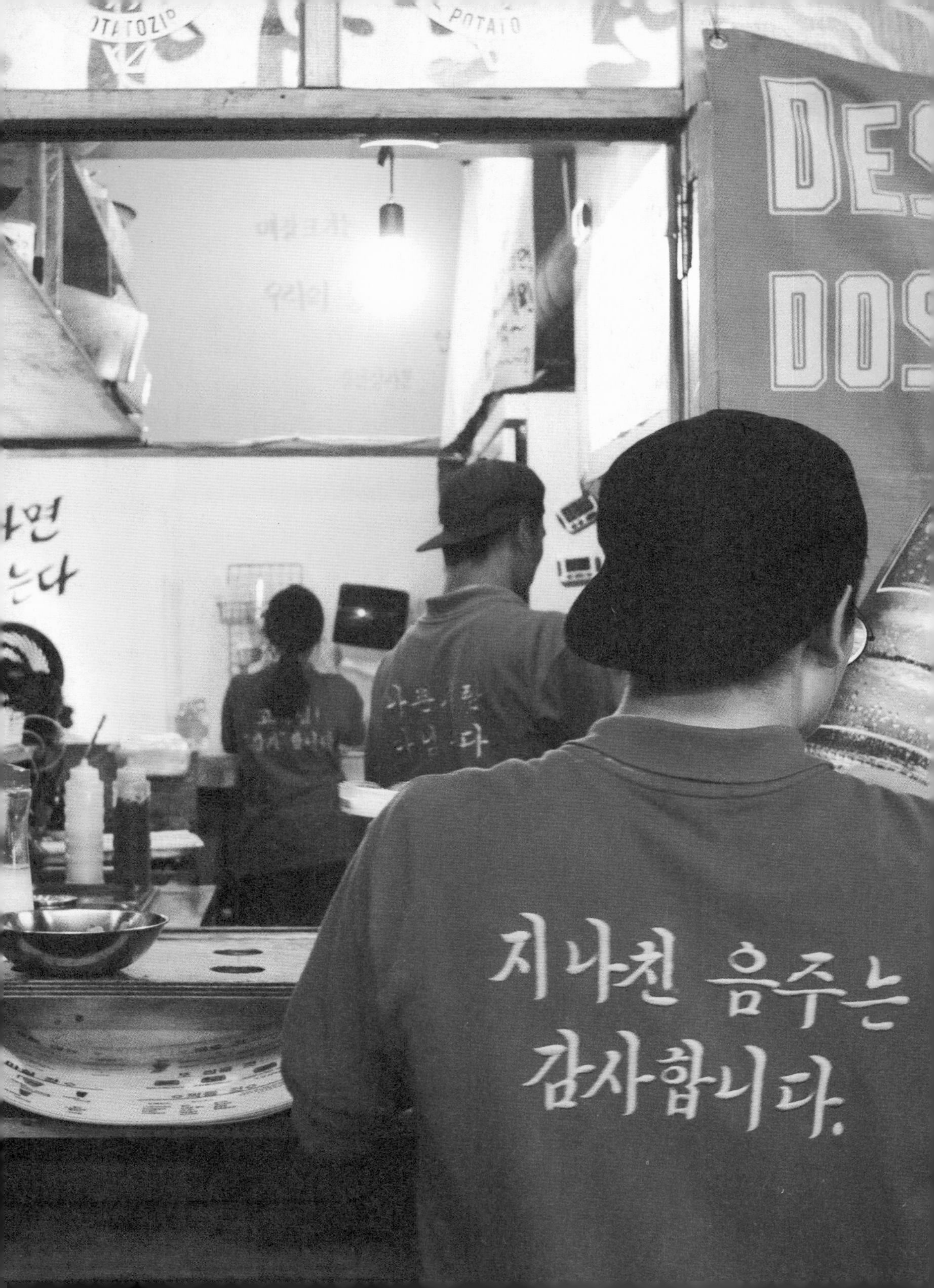
POTATO
지나친 음주는
감사합니다.

Editor's note

A의 생일이었다. 난생 처음 앞치마를 둘렀다. 메뉴는 미역국과 찜닭. 넉넉잡고 저녁 7시까지 오라고 했다. 아침 일찍 일어나 장을 봤다. 주재료부터 조미료, 양념장, 곁들일 술까지. 하나하나 담다 보니 장바구니가 꽤 무거웠다. 찜닭을 열 번은 사 먹고도 남을 돈이었다. 인터넷 레시피로는 근처에도 못가 엄마 찬스를 5회 사용했다. 간을 맞추는 게 그렇게 난해할 줄이야. 맛의 미궁을 두어 시간 헤매다 겨우 그릇에 담는데 초인종이 울렸다. 당황해서 국자를 손에 들어부었다.

B는 가로수길에 있는 브런치 레스토랑 셰프였다. 조리학과를 졸업하고 이탈리안 레스토랑에서 8년간 일했다. 그의 아버지도 호텔 양식 조리사였다. 그런데도 편의점 인스턴트 음식을 입에 달고 살았다. 제일 좋아하는 음식은 라면과 냉동 만두. 요리 한번 해 달라고 하도 졸라서 처음이자 마지막으로 해 준 게 된장찌개다. 그는 늘 지쳐 보였다. 쉬는 날도 없이 하루 12시간씩 일했다. 저녁 한번 같이 먹는 것도 사치였다. 이탈리안 셰프와의 연애는 드라마와 달라도 한참 달랐다.

C는 식도락가였다. 여행을 가도 맛집 위주로 동선을 짰다. 금강산도 식후경이라지만 후경은 안중에도 없었다. 약속을 잡을 때도 '내일 뭐 먹지'를 먼저 물었다. 통화할 때도 마찬가지. 서로 뭐 먹었는지 말고는 할 말이 없었다. 일단 따라나서면 맛있긴 했다. 살이 푹푹 찌는 게 느껴졌다. 맛집 선정은 까다롭기가 거의 미슐랭 급이었다. 가끔 내가 데려간 식당이 성에 차지 않으면 먹는 내내, 아니 며칠 동안 불평했다. 살려고 먹는 것도 서글프지만, 먹으려고 사는 건 더 짠해 보였다.

음식은 누군가에겐 작업, 누군가에겐 생업, 누군가에겐 과업이다. 어디선가 잘 먹고 잘 살고 있을 저 코딱지들과도 시작은 같았다. "무슨 음식 좋아해요?" 밥을 먹어야 역사가 이뤄진다. 먹고 마시고 떠드는 게 결국 삶의 전부인 것만 같다. 그래도 난 늘 밥보다 사람이 먼저라고 우겨 왔다. 밥은 상대를 알아 가기 위한 수단일 뿐, 뭘 먹는 건 그다지 중요하지 않았다. 세계 최고의 소믈리에들에게 '최고의 와인'을 물으면 로마네 콩티가 아니라 '사랑하는 사람과 마시는 와인'이라지 않나. 메뉴판에서 음식 대신 사람을 고를 수 있다면 좋겠다.

별로 친하지 않아도, 아니 손에 닿을 수 없는 누구라도 밥 한번 같이 먹어 보고 싶은 사람이 있다. 한번 보고 싶은 것과 밥 한번 먹고 싶은 건 다른 의미다. 식탁 앞에 마주앉았다는 건 그 사람을 진짜 알아 가고 싶다는, 꽤나 적극적인 행위다. 밥상 앞에서 우리는 자신의 진짜 모습을 한 입씩 꺼내 놓는다. 그걸 먹는 맛이 어쩌면 진짜 식도락이다. 단 한 번의 식사로 절친이 되기도 하고, 이제까지 알던 것과 전혀 다른 상대의 모습을 발견하기도 한다.

이 책이 그렇게 읽혔으면 좋겠다. 겉핥기로 알던 어떤 이를 다시 고쳐 생각하는 맛이 있기를 바란다. 《monograph》는 사람을 알고 이해하기 위한 한 끼 식사다. 누구나 자신만의 이야기가 있고, 모든 인생은 한 권의 책이 될 수 있다. 그리고 그 책은 밍밍한 단행본보다는 다채로운 잡지에 가까울 것이다.

모노그래프 창간호에선 최현석 셰프를 만났다. 그의 집과 일터를 오가며 밥을 몇 번은 먹어야 나올 법한 얘기들을 잔뜩 캤다. 책을 만들고 나니 어쩐지 사생팬이 된 느낌이다. 그 집에 숟가락이 몇 갠지도 알아 버렸으니까.

셰프에 대한 책을 만들기 때문인지 가을이 오기 때문인지 마감 때 이렇게 입맛이 돌긴 처음이다. 끊임없이 입으로 뭔가를 밀어 넣으며 이 글을 쓰고 있다. 최현석이란 재료를 맛깔나게 요리해서 흰 종이 접시 위에 아주 예쁘게 담고 싶었다. 그에겐 빈 접시만큼 살맛 나는 것이 없단다. 싹싹 비워진 서점 매대를 보면 우리도 그 기분을 좀 알까. 부디, Bon appétit!

김혜진

Menu

Amuse Bouche

아뮈즈 부슈

· 최현석의 댓글창

딱 한입에 먹을 크기로 나온다. 프랑스어로 Amuse는 '즐겁게 하다', Bouche는 '입'이라는 뜻이다. 식사 전에 '입을 즐겁게' 해 줘 입맛을 돋운다.

show & talk

20년 차 요리사의 허세와 내공은 호감과 비호감을 아슬아슬 오간다.
전무후무한 '셰프테이너'의 등장. 이를 바라보는 사람들의 말말말

나 최현석, 요리는 폼생폼사

꼬마* 소금뿌리는 거 넘 좋아♡ ㅋㅋ최셰프 ㅋㅋ키 크다고는 느꼈는데 …1900이 넘다니 … 역쉬!!♡

수* 헐 와따시 최셰프 진짜 좋아한다능ㅠㅠ♡ 자부심이 깔려 있어서 더 좋아

kwon**** 정말 호감이신데 연예인 병 걸릴까 걱정됨 … 너무 인기가 많아져서ㅋㅋㅋ

괭이* 난 이형 좋기만 하던데. 주말에 저거 따라하다가 와이프한테 등짝 맞기는 했는데.
재미있고 기억에 잘 남아서 내가 요리할 때 잘 써먹으면 그걸로 된 거 아님?

준회원*** 허세를 실력이 받쳐주니 뭘 해도 밉지 않은 매력남ㅋ 저는 냉부 쉐프 중 최현석이
젤 좋아요 ㄱ 미남은 아닌 거 같고 호감형인 거 같네여 ㅋㅋ

나야** 최현석은 티비만 돌림 나와 ㅡㅡ 적당히 나오지. 아무리 요즘 요리프로가 강세지만
본인직업이 요리사고 본인레스토랑도 있음 거기서 일할 것이지 인지도 쌓아서 뭐할라고 그러는지
이연복도 물들어 계속 나오고 적당이란 게 있는데 최현석은 적당히는 아닌 거 같다

vivi**** 허세 갖고 시비거는 애들 진짜 할일없나부다 … 허세를 하고 싶어서 하겠냐?
강 예능이니까 캐릭터 컨셉 잡는 거지 으휴… 앞에서는 한마디도 못할 것들이

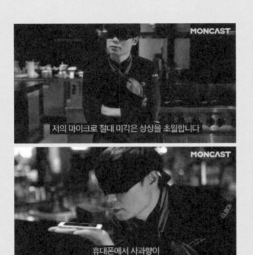

저의 마이크로 절대 미각은 상상을 초월합니다

휴대폰에서 사과향이

마이크로 절대미각

smt5**** 역시 최현석이 창의적인 뇌도 뇌지만 감각이 요리에 특화된거 같음... 정말 감각이 예민하긴 예민한가봄 냄새에 예민한거나 맛보는거나 coinm*** 유튜브에서 최셰프님 인터뷰 보면서 가장 인상 깊었던 이야기들 중 하나가 이 이야기였던 것 같아요ㅠㅠ 요리로 사람들을 행복하게 해주고 싶다는 건 애써 척한다고 생기는 그런 마음이 아닌 거 같아서... 셰프라는 직업이 아무나 할 수 있는 게 아니구나 처음 느꼈습니다ㅜㅜ 이런 점들 때문에 사람들도 최셰프님을 사랑하는 것 같고요!!! 대단하시고 멋지세요. 진짜 진짜 셰프님 짱짱맨 b8口8)=b Li** 요리경력 1,2년 되는 사람이 저러면 모르겠는데 최셰프님은 요리경력 20년 되셨음:방송에서 보여지는 거랑 필드에서랑은 엄청 다릅니다 knam**** 갓김치도 잘 만드는 갓현석

허세 투하

네가 최현석이다

허세 대방출

dhkd*** 진짜 쉐프복 입고 계신 모습이 제일 멋있으세요! 되게 직업을 사랑하시는 모습도 역시 멋있으시구요!! 앞으로도 멋진 쉐프님으로 계셔주세요 그래야 많은 청년들이 요리사를 꿈꾸죠!! smoo**** 최현석 셰프 최고! 요리면 요리. 허세를 동반한 예능이면 예능. 큰 키와 씨익 던지는 미소면 미소. 다른 셰프의 요리장면은 엄청 진지함과 전문지식으로..뭐 하나 흠잡을게 없음..매력덩어리~ sl0v**** 허세라는 아이콘은 정형돈이 방송용으로 만들어준 걸로 안다. 음식에 대한 남다른 애착이며, 앞선자로서, 요리에 관심 있는 청소년들을 어떻게 이끌 줄 아는 사람이다. 메뉴개발에도 남보다 많은 노력을 한 걸로 안다. 사는 모습이 노력하려 애써보이는 사람에게 터무니없는 악플은 하지말자. 쿡방이라는 인기가 사라지면, 지금의 그가 아쉬울지 모르니 있을 때 가만히 즐기자

혈액까지 셰프

퐁퐁** 셰프가 뭐 학벌이 필요하나요. ㅎㅎ 경력이 짱이지. 느란** 요리 한답시고 유학 갈 필요 없음. 마찬가지로 영어 배운답시고 유학 갈 필요 없음. 정통 타파하신 선구자 같은 분이심 알도짱** 메이저 오브 메이저라던데요 실력은... 근데 진짜 모르는 게 없어 보이더군요. 요리 쪽은 다방면으로… 두부** 방송에서 알려지기 전부터 크레이지셰프로 셰프들 사이에서는 유명했다고 하더라구요. 1119x1*** 왕관의 무게가 점점 무거워지네요. ㅠㅠ 버텨내시느라 고생이 많습니다. ㅠ 바빠도 기분은 좋게 항상 좋은 일만 생겼으면 합니다. 오늘도 크레이지메뉴에 감명 받고 가요 sdsl**** 저 사람이 만든거 직접 먹어보고 나서 이야기해 먹어본 사람들이 맛있다는데 그게 못하는 거니? 하여간 찌질이들의 악플은 알아줘야 해 이럴 때 하는 말이 너 강레오냐? ㅋㅋㅋ

9등신입니다

b** 난 허셰프 당연히 총각인줄 zzz 자기 관리하는 남자는 영원한 오빠입니다gg ⊗사* 아… 전 이 분 너무 사기캐릭터 같아요.. 인물도 꽃미남은 아니래도 잘 생겼지… 기력지 짱이지… 실력 있는 전문직이지… 귀엽고 착하기까지..nn 가족들이 부러울 정도.. 넘 좋다 ㅏㅜㅜ 슈퍼*** 옷빨은 진짜 웬만한 연예인이상 급이죠. 뒤에서 보면 정우성이라는 말이 뻥이 아닐 거 같아요. ㅋㅋㅋ 운동해서 그런지 라인은 그냥 키만 큰 정우성이나 조인성보다 오히려 더 멋진거 같아요. park**** 만세랑 똑같이 생김. taya**** 10년 전 만해도 드라마에서 종종 어디 남자를 부엌에 들이냐는 시어머니가 나왔었는데 진짜 세상이 바뀐 듯.. 여성적인 면이 많다고 느껴졌던 요리가 이렇게 남성적이었다니ㅋㅋㅋㅋ 심지어 너무 섹시함 dwkj**** 이마만 까지마세요 ㅋ

Entrée

앙트레

- 셰프란 무엇인가
- 미슐랭 스타 셰프
- 대중문화 속 셰프

배고픈 상태에서 음식을 먹으면 맛도 못 느끼고 위장에 털어 넣기 바쁘다. 앙트레는 이를 사전에 방지하고자 먹는 요리다. 메인 코스를 우아하게 즐길 정도로 식사하는 편이 좋다. 구운 치즈부터 파이, 스프 등 따뜻한 음식을 먹는다.

ALL
ABOUT
chefs

최현석은 자신을 '오케스트라 지휘자'라고 표현한다. 그의 말처럼 셰프 Chef는 프랑스어로 '수장', '지휘자' 등을 뜻한다. 여기서 파생된 영어가 Chief우두머리다. 프랑스어로 주방장은 셰프 드 퀴지니에Chef de cuisine. 직역하자면 '주방의 우두머리'란 뜻이다.

프랑스 혁명 이후 대거 실직한 궁정, 귀족가의 요리사들은 부르주아를 상대로 고급 레스토랑을 열었다. 기존 식당과 달리 이 공간은 프랑스에 머물던 유럽 상류층, 지식인들에 의해 새로운 사교 문화로 각국에 전파되었다. 국적이나 언어, 기원에 관계없이 수많은 요리법과 식재료, 조리 기구, 코스 이름에 프랑스어가 통용되는 것은 이 때문이다. 셰프라는 명칭 역시 세계 각국에 외래어로 정착되었다.

비슷한 의미의 우리말로 주방장이 있지만 식당 종류와 상관없이 주방을 책임지는 조리사 성격이 강하다. 셰프는 조리를 잘하는 기능인의 범주를 넘어 레스토랑의 모든 것을 창조하고 조율하는 예술인의 영역이다. 메뉴 기획과 개발, 식재료 구입, 가격 책정, 플레이팅 등을 책임지고, 레스토랑 인테리어, 수익 관리, 홍보, 마케팅 등 모든 것을 총괄한다. 매장에 흐르는 음악과 향기, 테이블 위의 꽃 장식 하나까지 셰프의 손을 거치지 않는 것이 없다. 그들의 세계를 알아본다.

'셰프의 왕관' 토크

토크Toque는 길고 하얀 요리사 전용 모자다. 테가 없는 아랍 모자에서 유래했다. 프랑스의 미슐랭 3스타 셰프인 폴 보퀴즈의 토크는 높이가 50센티미터에 달한다. 과거엔 토크의 높이가 요리사의 지위를 나타내기도 했지만 지금은 아무 상관이 없다. 18세기 무렵 프랑스 요리사들 사이에선 크고 다양한 색상의 토크가 유행했다. 19세기 초반 '요리사의 왕'으로 불리던 마리 앙투안느 카렘이 청결함과 간편함을 위해 높이가 낮은 흰색 토크를 착용하기 시작했다. 흰색 조리복 역시 비슷한 시기에 등장해 지금까지 이어져 오고 있다.

주방의 서열 및 구성

주방에서 셰프라는 직함은 오직 한 명에게만 허락된다. '엘본 더 테이블' 신사점 주방의 요리사는 최현석을 포함해 총 12명이다. 레스토랑의 총괄 셰프는 주방의 총괄 책임자인 동시에 경영 전반에 걸쳐 정책 기획 및 집행, 결재를 담당한다. 인사 관리, 비용 산출, 메뉴 개발 등 시장성을 넓히기 위한 모든 일이 셰프의 몫이다. 수셰프는 총괄 셰프를 보좌하고 부재 시 셰프 역할을 대신한다. 요리사들의 교육 및 훈련을 지휘, 감독한다. 요리사들은 스테이크 중심의 메인 요리를 하는 '그릴 파트'와 파스타 및 생선 요리를 만드는 '핫 파트', 식전 빵과 샐러드 등의 애피타이저와 디저트를 만드는 '콜 파트'로 나뉜다. 파트별로는 퍼스트 쿡, 세컨드 쿡, 헬퍼로 구성된다. 퍼스트 쿡은 숙련된 전문가로 조리 시 가장 많은 역할을 담당한다. 세컨드 쿡은 퍼스트 쿡을 돕고 헬퍼를 이끄는 역할이다. 작업 보조인 헬퍼는 식재료 운반 및 손질, 조리 기구 관리를 담당한다.

주 6일, 하루 12시간 중노동

이름난 셰프 중엔 여성이 드물다. 실력이 모자라서가 아니라 체력 때문이다. 신선한 재료를 위해 꼭두새벽부터 장을 보러 나서야 하고, 하루 10시간 이상 서서 일할 수 있어야 한다. 셰프는 매장과 주방의 위생 점검, 웨이터 훈련, 서비스 확인, 영업, 손님과의 대화 등을 체크하느라 항상 시간에 쫓기면서도 완벽한 요리를 내놓아야 한다. 고된 업무와 스트레스로 한창 나이인 30대에 심장 마비로 숨진 요리사들도 많다. 압박에 시달려 스스로 목숨을 끊는 경우도 있다. 2004년 미슐랭 3스타 셰프였던 베르나르 로와조는 레스토랑 등급이 떨어질 가능성이 높다는 기사를 접하고 자살했다. 죽기 전까지 그는 연중 크리스마스를 제외한 364일을 근무했고, 노예 생활에 가까운 하루 18시간의 중노동을 강행했다. 1966년 미슐랭 2스타 셰프였던 알랭 지크도 0스타로 추락하자 목숨을 끊었다.

셰프의 지위와 연봉

우리나라에선 셰프가 고소득 전문직으로 인식된 지 얼마 되지 않았지만 미식의 나라 프랑스에서 요리사는 선망의 직업이다. 뛰어난 요리사로 인정받으면 주방에서 식사 테이블로, 지역의 자선 파티로, 텔레비전과 신문으로 무대를 넓혀 돈과 명예, 사회적 존경과 권위를 모두 누린다. 프랑스에서 한 해 동안 팔리는 요리와 레스토랑 관련 서적은 300여 종, 300만 부에 달한다. 미슐랭 3스타 요리사의 연간 수입은 20만 달러 내외로 알려져 있다. 그러나 뉴욕이나 도쿄 등지에 레스토랑을 열고, 비스트로 체인점을 내서 로열티를 받고, 책을 내고, 와인 잔이나 치즈 브랜드를 만들어 파는 것

까지 고려하면 연 수입은 최소 100만 달러다.

반면 우리나라는 아직 억대 연봉 셰프도 드물다. 최근 오세득 셰프는 한 방송에 출연해 "방송에 나오는 셰프들은 대기업 임원급 연봉"이라고 밝혔다. 그러나 스타 셰프가 아닌 가로수길, 이태원 등지의 중소 레스토랑 셰프(8년차) 연봉은 평균 3천만 원대다. 유학을 다녀와 주방을 맡아도 월급 300만 원 이상을 받기 힘들다. 최현석은 2009년 한 인터뷰에서 자신의 연봉이 5~6천만 원대라고 밝힌 적이 있다. 14년 차 요리사로 청담동 레스토랑을 이끌던 무렵이었다. 최현석은 "그나마 대우를 굉장히 잘 받아 이 정도지 비슷한 경력의, 소위 청담동 유명 레스토랑 셰프들은 그보다 못하다"고 했다. 호텔 주방장도 사정이 크게 다르지 않다. 레스토랑이 늘면서 오너 셰프(식당 주인 겸 셰프)도 상황이 열악하기는 마찬가지다.

그러나 '스타 셰프'를 꿈꾸며 요리사의 길을 선택하는 이들은 매년 늘고 있다. 한국조리학회에 따르면 4년제 대학 조리학과는 36곳, 2년제 전문 대학은 120곳으로 직업 전문 학교와 사이버 대학까지 합하면 200곳이 넘는다. 지난해 경기대 외식·조리학과의 경쟁률은 30 대 1, 경희대 관광학부는 19 대 1이었다.

미슐랭 레드 가이드

1900년 프랑스의 타이어 제조사인 미슐랭은 타이어 구매 고객을 위해 무료 소책자 《미슐랭 레드 가이드》를 만들었다. 초창기엔 자동차 관련 정보에 곁들여 도로변 맛집을 소개하는 정도였다. 1923년 레드 가이드에 처음 등장한 레스토랑 별점은 이 책자의 진짜 볼거리를 자동차 정보에서 레스토랑 평가로 바꿔 놨다.

등급은 비벤덤-1스타-2스타-3스타로 나뉜다. 비벤덤은 미슐랭사의 마스코트 이름이다. 분위기나 친절도가 최상은 아니지만 가격 대비 음식 수준이 탁월한 곳에 부여한다. 1스타는 같은 계열 레스토랑 가운데 좋은 범위에 들어갈 만한 합리적 가격대의 음식점이다. 2스타는 한번 가볼직한 훌륭한 요리와 와인이 있는 곳이다. 가격은 납득할 만한 수준이다. 3스타는 일부러 여행을 해서라도 먹을 만한 가치가 있는 아주 특별한 요리가 있는 레스토랑이다. 언제나 최상의 음식과 서비스, 분위기를 제공하는 레스토랑으로 식사비를 따질 필요가 없는 곳이다.

미슐랭은 주관적 판단을 객관적 정보로 만들기 위해 전문 조사관을 파견한다. 반드시 돈을 주고 식사를 하며, 비밀리에 행하는 게 원칙이다. 별점은 조사관들이 후보에 오른 음식점을 전부 조사한 뒤 상대 비교를 통해 결정된다. 조사관들은 요리 학교를 다녔거나 레스토랑, 호텔에서 일한 경력자들이지만 맛의 전문가들은 아니다. 미각, 후각 등을 따로 훈련받지도 않는다. 여행자 입장을 대변해야 하기 때문이다. 이런 냉정함이 미식가들의 인정을 받았고 전 세계 유명 레스토랑들이 미슐랭 별점에 민감하게 반응한다.

아쉽게도 한국판 레드 가이드는 아직 없다. 한식 레스토랑 중에선 미국 뉴욕에 있는 '단지'가 2012년 최초로 미슐랭 1스타를 달았다. 이곳을 이끄는 셰프는 후니 킴(한국명 김훈이). DMZ 고기와 라면, 소불고기를 끼운 햄버거, 김치 베이컨 빠에야 등이 대표 메뉴다. 2012년 임정식 셰프가 운영하는 뉴욕 트라이베카의 '정식'도 1스타를 받았다. 방어회, 된장 문어, 허브 수제비 등의 메뉴가 있다.

Entrée

MICHELIN

star chefs

미식가의 바이블이라는 《미슐랭 레드 가이드》가 부여하는 별은 따는 것도 유지하는 것도 그야말로 '하늘의 별 따기'다. 1스타는 2000분의 1, 3스타는 1만 6000분의 1이라는 엄청난 경쟁을 뚫어야 한다. 평가 항목에는 음식의 맛뿐 아니라 매장의 분위기와 서비스, 청결 상태 등이 포함되지만 평가 비중의 50퍼센트 이상을 차지하는 건 역시 음식의 맛, 곧 셰프의 실력이다. 미슐랭 스타를 받은 셰프는 세계적으로 실력을 인정받고 부와 명예를 거머쥔다. 일반 레스토랑에 비해 22배 이상의 수입이 보장된다니 목숨을 걸 만하다. 하늘의 별을 품은 미슐랭 3스타 셰프 4인을 소개한다.

'키친의 교황' 폴 보퀴즈

셰프계의 '살아 있는 전설'로 불리는 폴 보퀴즈는 열여섯 살에 미슐랭 스타 레스토랑 '라 소와리'의 견습생으로 들어갔다. 서른세 살이 되던 1959년 부모님이 운영하던 레스토랑을 물려받아 셰프로서 본격적인 활동을 시작했다. 이곳이 바로 1965년에 받은 미슐랭 3스타를 반세기 동안 지켜 오고 있는 프랑스 리옹의 '폴 보퀴즈'다.

폴 보퀴즈는 레스토랑을 경영한 지 2년 만에 프랑스 국가 최우수 장인상을 수상했고, 1975년에는 프랑스 정부가 수여하는 최고 영예인 레지옹 도뇌르 훈장을 수훈했다. 그는 1970년대에 식재료 본연의 맛을 살리고 채소를 많이 사용한 저칼로리 고단백 조리법을 내세우며 '누벨 퀴진' 운동을 선도했다. 주방에서 나와 요리사라는 직업을 알린 '스타 셰프 1세대'이기도 하다. 1987년 '보퀴즈 도르'라는 요리상을 만들어 요리에 대한 관심을 한층 끌어올렸고, 요리 학교 '엥스티뒤 폴 보퀴즈'를 세워 후학 양성에도 힘썼다. 현재 리옹 시내에 '르노드', '레스트', '르쉬드', '웨스트' 등의 캐주얼 식당과 도쿄에 '브라세리 폴 보퀴즈'를 운영하고 있다.

'분자 요리의 아버지' 페란 아드리아

음식을 분자 단위까지 해체해 요리하는 '분자 미식학'의 창시자 페란 아드리아는 '주방의 살바도르 달리'라 불린다. 딸기 머랭으로 만든 알파벳 스프, 아스파라거스와 검은 트러플로 만든 얼린 막대 사탕 등 재료의 형태와 식감을 완벽하게 재창조한다. 그의 실험적이고 과학적인 요리법은 스페인 작은 마을의 레스토랑 '엘 불리'를 세계 미식가들의 종착지로 만들었다. 그 역시 여러 레스토랑을 전전하며 접시 닦는 일부터 시작했다. 1984년 스물두 살에 처음 '엘 불리'의 주방 스태프로 들어와 1년 반 만에 수석 셰프, 1990년엔 오너 셰프가 됐다. '엘 불리'는 1997년 미슐랭 3스타를 받은 뒤 14년간 이를 유지했고, 영국 《레스토랑》지가 선정하는 세계 최고의 식당에 5차례 이름을 올렸다. 그는 '엘 불리'를 독특하게 운영했다. 1년에 6개월만 영업하고 나머지 6개월은 요리 연구에 매진했다. 25년 동안 1846개의 레시피를 선보인 페란 아드리아는 2011년 요리 연구의 영감을 얻기 위해 휴식을 결정하고 '엘 불리'를 잠정 휴업했다. 2013년 '엘 불리 재단'을 발족하고 스페인 정부와 함께 알리시아 연구소(요리과학연구소)를 설립했다. 또 샴페인 브랜드 '돔 페리뇽'과 함께 일본에 '돔 페리뇽 랩'을 세워 미식 창조 작업을 이어 가고 있다.

'프렌치 셰프가 인정하는 미국인' 토마스 켈러

토마스 켈러는 미국 요리계의 아이콘이다. 10대 때부터 미국 플로리다의 팜비치에서 어머니의 식당 일을 도우며 요리를 시작했다. 이후 프랑스에서 '기 사부아' 등 미슐랭 스타 레스토랑을 돌며 실력을 쌓았다. 미국으로 돌아온 그는 허름한 스팀 세탁소 건물을 인수했다. 2년간 공들여 준비한 끝에 1994년 '프렌치 론드리'를 열었다. 오픈 이후 각종 매거진이 뽑은 '미국 최고의 레스토랑'에 선정됐고, 1997년에는 제임스 비어드 재단이 선정한 '미국 최고의 셰프'로 이름을 올렸다. 2004년 뉴욕 맨해튼에 오픈한 레스토랑 '퍼 세'가 이듬해 미슐랭 3스타를 받았다. 2006년 '프렌치 론드리' 또한 3스타를 얻으면서 미슐랭 3스타 레스토랑을 두 개나 운영하는 최초이자 유일한 미국인 셰프가 됐

다. 영화 〈라따뚜이〉(2004)의 요리 총괄 감독을 맡았고, 영화 〈스팽글리쉬〉(2007)에서 나온 '세계 최고의 샌드위치'를 만드는 등 프렌치 요리의 대중화를 위해 노력해 왔다. 2012년에는 '요리계의 오스카'라 불리는 제임스 비어드 재단의 평생 공로상을 받았다.

'요리계의 피카소' 피에르 가니에르

올 초 프랑스 요리 전문지 《르 셰프》가 미슐랭 2스타 이상을 받은 요리사 512명을 대상으로 최고의 셰프가 누구인지 설문했다. 그 결과 '최고 셰프들이 뽑은 최고의 셰프'로 피에르 가니에르가 선정됐다. '요리계의 피카소'라는 별명답게 요리의 색감, 질감, 선을 가장 잘 드러내는 흰색 접시를 고수한다. 1950년 프랑스의 요리사 집안에서 태어나 10대 중반부터 아버지가 운영하는 레스토랑 '르 클로 프뤼리'에서 주방 일을 시작했다. 1981년 독립해 레스토랑을 내고 미슐랭 3스타를 획득했지만 1996년 경영 실패를 겪었다. 이듬해 파리의 호텔 발자크에서 자신의 이름을 내건 레스토랑을 열고 1년 만에 미슐랭 3스타를 다시 얻었다. 이곳의 한 끼 식사는 1인 저녁 식사가 70만 원 가까이 하지만 몇 달 전에 예약하지 않으면 자리가 없다.

잭슨 폴록의 그림, 구스타브 플로베르의 글 등 모든 예술 작품이 영감의 원천이다. 홍콩에서 처음 한식을 접하고 김치 마멀레이드, 참기름으로 버무린 갑오징어를 구상할 정도로 식재료의 조합을 과감하게 즐긴다. 2008년에는 미슐랭 3스타 요리사로는 처음으로 한국에 '피에르 가니에르 서울'을 열었고, 1년에 두 차례씩 들러 운영 현황을 점검한다. 현재 파리, 런던, 도쿄, 홍콩 등 세계 각지에 12개의 레스토랑을 운영 중이다.

CHEFS
IN
pop culture

영화 〈아메리칸 셰프〉 스틸컷 • 페이버 엔터테인먼트 제공

몇 년 전만 해도 뻑 하면 고함치고 까칠하게만 그려졌던 요리사는 이제 '재벌 2세'나 '실장님'을 대체하는 매력적인 캐릭터가 됐다. 한도 없는 신용 카드 대신 섬세한 배려가 담긴 접시가 그들의 무기다. 냉장고 속 평범한 식재료가 화려한 요리로 탈바꿈하는 과정은 가난한 여주인공이 머리부터 발끝까지 완벽히 변신하는 순간만큼이나 짜릿한 카타르시스를 선사한다. 드라마뿐 아니라 만화, 영화, TV쇼에 이르기까지 셰프가 대중문화를 점령했다고 해도 과언이 아니다. '한국판 심야식당'과 '현실판 강선우'는 곳곳에 존재한다. 그래서 더 매력적이다. 한 번쯤 꼭 만나 보고 싶은 대중문화 속 셰프들을 소개한다.

'요리는 나의 모든 것' 칼 캐스퍼

영화 〈아메리칸 셰프〉(2014)의 주인공 칼 캐스퍼(존 파브로)는 일류 레스토랑의 셰프다. 머릿속엔 오직 요리뿐이다. 아내와 이혼하고, 하나뿐인 아들과의 약속도 일 때문에 어기기 일쑤다. 유명 평론가가 레스토랑을 찾는다는 소식에 그는 최고의 식재료를 준비하고 자신만의 메뉴를 짠다. 그러나 오너의 반대로 기존 메뉴를 내놨다가 '지루하고 겁쟁이 같은 음식'이란 평을 얻는다. 평론가에게 막말을 퍼부은 동영상은 SNS를 타고 일파만파 퍼졌다.

결국 레스토랑을 그만두고 '푸드 트럭'을 시작한다. 방학을 맞아 트럭에 동승한 아들은 보조 역할을 맡으며 요리사 아빠를 조금씩 이해해 간다. 길거리 음식에 불과하던 '쿠바 샌드위치'는 그의 손을 거쳐 고급 요리로 격상된다. 뉴올리언스에서 LA까지, 푸드 트럭은 가는 곳마다 히트를 친다. 레스토랑을 혹평했던 평론가도 결국 그의 트럭 앞에 줄을 선다.

영화를 보면 쿠바 샌드위치의 맛이 궁금해 못 견딜 정도다. 푸드 트럭은 아니지만 이태원 등지의 작은 가게에서 맛볼 수 있다. 노릇노릇 지진 빵에 녹아내리는 치즈, 육즙 가득한 로스트 포크의 조합이 환상적이다.

'감동을 주는 독설가' 고든 램지

스코틀랜드 출신 요리사 고든 램지는 '악마 셰프'로 통한다. 망해 가는 식당을 대박 식당으로 바꿔 주는 〈키친 나이트메어〉를 비롯해 〈헬's 키친〉, 〈더 F 워드〉 등의 방송에서 온갖 욕설을 서슴지 않았다. 한 치의 게으름을 용납하지 않는 혹독한 조련은 수많은 요리사와 레스토랑 들을 일으켜 세우는 힘이 있었다.

그는 한국판으로 제작된 요리 대결 프로그램 〈마스터 셰프 US〉의 제작자이자 심사 위원이기도 하다. 본업 대신 방송에 전념한다는 비판이 있지만 런던 첼시에 있는 그의 레스토랑은 2001년부터 미슐랭 3스타를 유지하고 있다.

그는 상상을 초월하는 독설로 독보적인 '셰프테이너' 입지를 구축했다. 출연자가 공들여 만든 요리에 "토한 것 같다", "이 닭은 너무 설익어서 수의사가 살려 낼

수 있겠다"는 막말 비평을 한다. 전무후무한 표현이 많아 인터넷에선 '고든 램지의 독설 모음'도 나돈다. 그렇다고 혹평만 하는 건 아니다. 진한 감동을 남긴 일화도 있다. 〈마스터 셰프 US〉 시즌 3에는 참가자 중 최초로 맹인인 크리스틴이 출연했다. 그녀는 자신이 구운 파이를 쓰레기라며 자책했다. 고든 램지의 평가는 의외였다. 그는 모양부터 맛까지 하나하나 호평했다. 눈시울이 붉어진 그녀에게 "더 이상 스스로에게 화내지 말라"고 격려했다. 이 부분만 편집한 동영상이 유튜브에서 조회 수 70만 건을 넘겼다.

'고향 친구 같은 편안함' 마스터

일본 만화 《심야식당深夜食堂》의 주인공은 '마스터'라 불린다. 아무도 그의 이름과 나이, 과거를 알지 못한다. 왼쪽 눈 부근의 칼에 베인 흉터로 험난한 지난날을 짐작할 뿐이다. 그는 도쿄 신주쿠 뒷골목에서 홀로 식당을 운영한다. 포렴에는 '밥집'이라고만 쓰여 있지만 단골들 사이에선 '심야식당'이라 불린다. 영업시간은 자정부터 아침 7시까지. 한낮을 방황하던 이들은 지친 발걸음을 쉬어 가기 위해 이곳을 찾는다.

메뉴판에는 돼지고기 된장국 정식, 맥주, 사케, 소주뿐이다. 그러나 마스터는 할 수 있는 모든 요리를 해 준다. 야쿠자와 게이바 마담, AV 배우가 어깨를 비비며 저마다의 추억을 주문한다. 그들이 원하는 것은 밥이 아닌 한 그릇의 위안이다. 마스터는 그들이 털어놓는 이야기에 별다른 위로를 건네지 않는다. 그저 가만히 귀 기울일 뿐이다. 소박하지만 마음을 꾹꾹 눌러 담은 상차림은 상처 입은 영혼을 어루만진다.

만화 《심야식당》은 일본에서 누적 판매 부수가 240만 부를 넘었고, 드라마와 영화까지 큰 인기를 끌었다. 국내에서도 최근 드라마로 제작, 방영되었다.

'허셰프의 로맨스 버전' 강선우

드라마 〈오 나의 귀신님〉(2015)의 주인공 강선우(조정석)는 어딘가 낯익은 캐릭터다. 젊고 잘생기고 요리도 잘하는 '자뻑 셰프'인 그는 검은색 셰프복부터 주방에서의 카리스마, 기타를 치는 모습이 최현석을 연상하게 한다.

강선우의 '썬 레스토랑' 주방엔 가족 같은 끈끈한 정이 넘친다. 매일 같은 공간에서 티격태격하면서도 동료가 큰 실수를 하면 살뜰히 감싼다. 배운 게 칼질인 그들은 MT를 떠나서도 안주로 요리 대결을 펼친다.

선우는 주방 보조 봉선(박보영)과 우여곡절 끝에 사랑에 빠진다. 영업이 끝난 주방에서 매일 밤 둘만의 요리 수업이 시작된다. 요리사로서 봉선의 재능을 알아본 선우는 여러 종류의 소금을 회사별로 맛보게 하는 등 미각과 후각을 훈련시킨다. "식재료에 대한 이해가 완벽해지면 언제 어디서든 자신만의 요리를 할 수 있다"는 게 그의 철학이다. 수업이 끝나면 따뜻한 생강차를 내주는 섬세함까지 갖췄다. 이들의 알콩달콩한 연애는 살벌하기만 했던 주방을 로맨틱한 공간으로 바꿨다. 그 안의 요리사들도 다시 보이긴 마찬가지다.

executive chef

푸아송

- 최현석의 인생 요리
- 크레이지 레시피

프랑스에서는 생선 요리를 먹을 때 뒤집어서 먹으면 격이 떨어진다고 여긴다. 윗면의 살을 먼저 먹고 뼈를 들어 반대편 살을 발라
내는 번거로움을 감수해야 한다. 곁들인 레몬은 포크로 고정하고 나이프의 넓은 면으로 살짝 눌러 즙을 낸다.

Poisson

CHOI HYUN-SEOK

food & life

최현석은 차가운 파스타를 비롯해 1000개가 넘는 창작 요리를 만들어 '크레이지 셰프'로 불린다. 허세 넘치는 몸짓과 표정으로 요리해 '허셰 프'라는 별명도 있다. 최근 요리를 주제로 한 쿡방(Cook+방송) 열풍으로 대중적 인기를 누리고 있다. 해외 유학파가 즐비한 이탈리아 요리 분야에서 보기 드문 고졸 출신의 국내파 셰프다. 학교에서 요리를 배운 적은 없다. 다만 요리하는 부모님을 보고 자랐다. 아버지는 호텔 주방장, 어머니는 한식당 찬모였다. 형도 호텔 요리사로 일했다. 군대 제대 후 일거리를 찾다가 어려서부터 익숙했던 요리사를 택했다. 이탈리안 셰프 1세대인 김형규 셰프가 그의 스승이다. 1995년 이탈리안 레스토랑 '라 쿠치나'에 들어가 2004년 메인 셰프가 되었다. 2010년부터 '엘본 더 테이블'의 총괄 셰프를 맡고 있다. 저서로 《최 셰프의 크레이지 레시피 39》, 《요리 5요소에 의한 아트 푸드》가 있다.

Choi Hyun-seok

계란말이

한식집 찬모였던 어머니의 손맛

태권브이 조종사를 꿈꾸던 꼬마는 장난기가 심했다. 세 살 터울인 형과 하도 치고 받아 창호 문살이 남아나질 않았다. 초등학교 3학년 때 남녀 할 것 없이 팬티 바람으로 신체검사를 받은 적이 있었다. 평소 옷 입는 걸 싫어했던 최현석에겐 그날이 축제였다. 6교시가 끝날 때까지 팬티만 입고 수업을 받았다. 온종일 벌거벗고 돌아다니다 퇴근하는 어머니를 마중하러 나갔다. 어머니를 보자마자 손부터 내밀었다. "엄마, 나 백 원만." 그길로 바로 집으로 끌려갔다. 창피한 줄 알라며 우산으로 호되게 맞았다. 어머니의 엄격한 훈육 덕분에 소년은 '하지 말아야 할 것'들을 하나씩 배워 나갔다.

도시락 반찬은 늘 같았다. 계란말이가 아닌 날을 꼽는 게 더 빨랐다. 질릴 법도 했지만 한식집 찬모였던 어머니에겐 아무나 흉내 낼 수 없는 손맛이 있었다. 날마다 계란, 계란, 계란이었지만 그렇게 맛있을 수 없었다.

중학교 2학년 자율 학습 시간. 몰래 도시락을 까먹는데 선생님이 들이닥쳤다. "야, 너 이리 나와. 입 벌려." 쩔쩔매며 벌린 입엔 계란말이와 밥이 한가득이었다. 순간 커다란 손바닥이 날아들었다. 정신없이 뺨을 맞다가 코피를 주룩 쏟았다. 선생님이 지혈을 한답시고 고개를 뒤로 젖히는 바람에 코피가 목구멍으로 넘어갔다. "나가서 무릎 꿇고 있어."

복도에 꿇어앉아 계란과 눈물과 핏물이 엉긴 밥알을 우물거렸다. 이런 제길. 그 와중에 그게 또 맛있었다. 목구멍으로 밥을 넘기며 생각했다. '이놈의 계란말이는 수치심을 넘어선 맛인가.'

요즘도 가끔 어머니 댁에 가면 어김없이 계란말이가 식탁에 오른다. 수천 번 먹었건만 아직도 질리지가 않는다. 정말 지겹도록 맛있다.

43

명란젓

우리 아버지 오시는 날

어머니가 명란젓을 사 오면 아버지가 오는 날이다. 아버지는 온양 도고호텔의 총주방장Executive Chef이었다. 한식, 중식, 양식 주방장이 각각 있고, 그들을 총괄하는 자리다. 아버지 일터에 놀러 가면 주방 형들이 냉장고 앞에 우유 박스를 깔고 스테이크를 구워 줬다. 양식당, 중식당, 한식당 형들이 돌아가며 맛있는 걸 만들어 줬다. 그 시절 최현석에게 냉장고는 보물 창고, 주방은 놀이터였다.

아버지의 사무실은 주방 밖에 따로 있었다. 사방이 아이스 카빙Ice Carving 도면으로 도배가 되어 있었고 한쪽 벽엔 요리책이 빼곡했다. 최현석은 아버지의 의자에 앉아 아버지의 모자를 쓰고 사진을 찍었다. 그때만 해도 요리사가 되고 싶은 생각은 조금도 없었다.

총주방장이었던 아버지는 조리복 대신 와이셔츠를 입고 셰프 타이를 맸다. 소년의 눈에는 언제나 우리 아빠가 '대장'이었다. 모든 형들이 아버지 앞에만 서면 자세를 고치고 숨을 죽였다. 그러면서 뒤에선 자기들끼리 가끔 뒷말하는 걸 엿듣기도 했다. 우두머리는 편한 줄만 알았는데 외롭기도 하겠구나. 어린 마음에도 그런 생각이 들었다.

주방에 있는 아버지는 퍽 까칠했지만 집에만 오면 친구 같았다. 장난치고 농담하는 걸 누구보다 즐겼다. 집에서도 이따금 가족을 위해 칼을 들었다. 크림수프부터 생선, 고기 요리까지… 아버지가 주방에 있으면 집 안에 버터 향이 그득했다. 덕분에 눈과 혀가 즐거운 미식을 남들보다 일찍 알았다.

그런 아버지가 너무 좋아서 틈만 나면 어머니에게 물었다. "몇 밤 자면 아빠 와?" 어머니는 명란을 준비하는 것으로 답을 대신했다. 아버지가 제일 좋아하는 반찬이었다. 똑 닮은 부자에게 유일하게 다른 점이 있다면 입맛이었다. 아버지는 국수 같은 밀가루 음식을 좋아했고 최현석은 끔찍이 싫어했다. 형이 세 살까지 모유를 먹는 바람에 최현석은 분유를 먹었는데, 넉넉하지 않은 형편이라 어머니는 곧 분유 대신 밀가루 음식을 먹였다. 아기 때 그 맛에 질렸는지 밀가루는 입에도 대기 싫었다. 또 하나 못 먹는 것이 비릿한 음식이었다. 명란젓이 왜 맛있는지 어릴 적엔 도통

이해할 수 없었다. "저런 건 고양이나 먹는 거지." 그랬던 음식이 이젠 가장 좋아하는 반찬이 되었다.

아버지는 단 한 번도 아들의 요리를 먹지 못했다. 주방 분위기를 누구보다 잘 아는 아버지는 아들의 레스토랑에 오는 걸 꺼렸다. 연차가 낮을 때는 아들이 윗사람들 눈치 볼까 봐 그랬고, 주방장이 된 뒤에는 일하는 아들을 두고 혼자 먹을 수 없어서였다. 몇 해 전 아버지가 돌아가시고 생각해 보니 집에서도 요리를 해 드린 적이 한 번도 없었다. 그게 생각할수록 가슴에 사무친다.

명란젓의 껍질을 제거하고 알만 모아서 생크림과 섞으면 아주 사랑스러운 맛이 난다. 여기에 코코넛 퓌레를 넣으면 비릿함을 없앨 수 있다. 이걸 무채와 함께 올려 '명란 크림 무채 카펠리니'라는 메뉴를 만들었다. 이 파스타를 아버지께 만들어 드렸으면 얼마나 좋아하셨을까.

아버지처럼 총주방장이 된 지금, 최현석은 아버지가 썼던 긴 모자의 무게를 실감한다. 왜 그렇게 집에만 오면 다리를 주물러 달라고 하셨는지도. 그리고 거짓말처럼 아버지 입맛을 꼭 닮아 간다.

스무살무렵 친구들과 함께 • 최현석 제공

홍합

1995년 3월 23일, 첫 출근

"할 거 없으면 요리 해." 형이 말했다. 대꾸할 말이 없었다. 재수에 실패한 뒤 군대로 도피했고, 제대했으니 먹고살 길을 찾아야 했다. 대학 입시 땐 우슈에 빠져 공부는 뒷전이었는데 막상 선수를 하자니 그만큼 좋지는 않았다. 학창 시절에 잘한다는 소리를 들었던 그림도, 기타 치고 노래하는 일도 밥벌이로는 자신이 없었다. 주방이 그나마 만만해 보였다. 전자 기타를 수준급으로 연주하던 형도 결국 생업으로 요리사를 택했다.

첫 직장은 서울시 용산구 한남동에 있는 이탈리안 레스토랑 '라쿠치나'였다. 1995년 3월 23일. 첫 출근했던 날을 잊을 수가 없다. 요리사 집안답게 아버지와 형은 세 가지를 당부했다. 첫째, 아무거나 주워 먹지 말 것. 둘째, 화장실 갈 때도 보고할 것. 셋째, 남들보다 30분 일찍 출근할 것. 첫날엔 아예 한 시간 먼저 출근했다. 아침 7시 반. 식당은 문도 안 열려 있었다. 한참 이따 누가 오더니 최현석을 아래위로 훑었다. "오늘부터 새로 온 애냐?" "네, 일찍 왔습니다!" "가서 저거나 닦아."

주방에 들어서니 홍합이 산더미였다. 얼핏 봐도 20킬로그램은 돼 보였다. 그걸 씻고, 삶고, 하염없이 껍질을 깠다. 놀이터 같았던 주방이 낯설고 무서웠다. 판체타! 봉골레! 라자냐! 형들이 정신없이 외치는 말들은 외계어 같았다.

홍합에 이어 설거지 더미를 해치우고 마늘빵을 구웠다. 오븐에 넣었다 빼기만 하면 됐는데 그걸 태울까 봐 식은땀 목욕을 했다. 하루 종일 14시간을 서 있었다. 후들거리는 다리를 붙잡고 여기를 소개한 형에게 전화했다. "뭐야, 8시간 근무라더니?" 형 말에 꾹 참았던 서러움이 북받쳤다. 스물셋. 세상에 혼자 내던져진 기분이었다. 첫날 했던 일을 이후로 2년 더 했다. 설거지를 너무 많이 해서 주부 습진에 걸려 지문이 없어졌다. 프라이팬 한번 잡아 보는 게 소원이었다.

봉골레

요리의 스승, 인생의 스승

3년 차 때부터 파스타 파트로 옮겨 와 본격적으로 요리를 시작했다. 가리비 스파게티 주문이 들어오면 막내는 향신료, 케이퍼, 고추 등 파스타에 들어갈 재료를 담아야 했다. 하루는 정신없이 바쁜 와중에 재료 중 하나를 바닥에 떨어트렸다. 잽싸게 주워 담는데 주방장에게 딱 걸리고 말았다. 그는 떨어진 가지를 최현석의 입에 밀어 넣었다. "먹어, 먹어, 이 새끼야. 왜 안 먹어? 네가 안 먹을 걸 손님한테 주려고 했어? 넌 진짜 나쁜 새끼야. 나가!" 때는 한겨울이었다. 레스토랑이 있던 남산 꼭대기는 영하 20도를 찍었다. 밖에서 덜덜 떠는데 춥고 화나기보다 너무 부끄러웠다. 요리사로서 직업의식, 소신도 없이 일하고 있는 걸 들켜 버린 것 같았다. 그날 이후로 '음식 가지고 장난치지 말자'가 요리 철학이 되었다.

마음이 달라지자 눈빛부터 바뀌었다. 주방으로 "네가 만든 봉골레는 정말 맛있다"는 고객의 피드백이 이어졌다. 주방장은 손재주가 뛰어난 최현석을 특별히 예뻐했다. "맛을 알아야 만든다"며 각종 드레싱과 치즈를 한 숟가락씩 퍼서 먹였다. 주방장은 쓰레기통도 그냥 지나치는 법이 없었다. "달걀 껍데기는 겹쳐서 버려라, 도마 물기 닦아라, 물 아껴 써라, 세제 많이 쓰면 한강 물고기 다 죽는다…" 습관, 습관, 습관. 최현석은 스승 덕분에 하나부터 열까지 요리의 기본을 익혀 갔다. 스승은 뭐든 한 번 보여 주면 귀신같이 따라하는 제자를 편애하지 않을 수 없었다. 유일하게 아이스 카빙을 가르쳐 주고, 레시피 정리를 맡기고, 장을 볼 때마다 데려가 상인들과 대화하는 법을 가르쳤다.

스승 김형규 셰프는 현재 한남동의 이탈리안 레스토랑 '비스테카'의 오너 셰프다. 최현석은 힘들고 서러울 때마다 친정 엄마를 찾는 기분으로 스승의 레스토랑에 간다. '꼰대'의 위로는 한결같다. "원칙만큼 강하고 무서운 게 없다." 그러고는 국수나 한 그릇 하고 가라며 파스타를 삶아 내온다. 최현석에겐 그곳이 '심야식당'이다.

라면과 계란 볶음밥

어린 아내와 어리게 굴던 남편

밤늦도록 일하고 집에 오면 아내는 라면과 계란 볶음밥을 차렸다. 계란을 넣고 볶은 뒤 간장에 비벼 깨를 뿌린 밥인데 입에 꼭 맞았다. 상도 펴지 않고 매일 밤 그걸 먹었다. 최현석은 아내가 해 준 가장 맛있는 요리로 이 밤참을 꼽는다.

둘은 교회에서 만났다. 청년부였던 최현석은 중고등부 수련회에 따라가 기타를 쳤다. 그때 아내는 그 교회 오빠에게 후광이 비쳤다고 했다. 2년 뒤 아내가 청년부로 올라왔다. 마냥 어리게만 보이던 소녀가 언젠가부터 여자로 보였다.

사귄 지 1년쯤 됐을 때 데이트 중에 부모님께 연락이 왔다. 여자 친구와 있다고 했더니 지금 맛있는 걸 먹고 있다며 같이 와서 들자고 권했다. 부모님은 여자 친구가 마음에 드는 눈치였다. 이후로도 몇 번 더 함께 식사했다. "여자 친구네 부모님과도 언제 한번 식사하면 어떨까?" 여자 친구 집에선 이 말을 가볍게 듣지 않았다. 졸지에 양가 부모의 상견례가 이루어졌다. 그 자리에서 결혼 얘기가 오가고 6개월 뒤로 날짜를 잡았다. 최현석이 스물일곱, 아내가 스물셋이었다.

예단과 혼수가 오가면서 실감나기 시작했다. 아직도 야구가 세상에서 제일 좋고 꿈에 스타크래프트가 나오는 철없는 영혼인데 결혼이라니… 아내에겐 미안하지만 시간을 되돌릴 수만 있다면 악마한테 영혼을 팔고 싶은 심정이었다. 얼결에 결혼식을 올리고 허니문 베이비로 아기까지 가졌다. '내 앞가림도 못하면서 가족을 책임질 수 있을까?' 부담감이 온몸을 짓눌렀다. 아내 배가 불러 오고 첫 딸이 태어났을 땐 이미 돌이킬 수 없었다. 내 아이가 무얼 갖고 싶다고 할 때 능력이 부족해 못 사 주는 일은 없기를 바랐다. 요리는 생업이 되었고, 하루하루 정말 열심히 살았다.

모아 둔 게 없었기에 신혼살림은 친가에 차렸다. 어린 아내에게 요리사 집안의 시집살이는 만만치 않았다. 입맛 까다로운 형은 아내가 한 요리를 먹고 젓가락을 내려놓았다. 한식 요리사인 시어머니 앞에선 뭘 만들어도 눈치를 봐야 했다. 분가할 때까지 10년간 시댁 밥을 먹었다. 그런 아내가 유일하게 차린 밥상이 남편의 밤참이었다.

철부지 남편은 밥을 먹고 나면 컴퓨터 게임을 했다. 주말엔 야구를 한다며 나돌았다. 남편만 보고 시집온 어린 아내에게 할 짓이 아니었다. 최현석은 자기만의 시간이 필요하다는 핑계를 댔다. 하지만 나이가 들면서 이제는 둘도 없는 친구가 되었다. 이미 훌쩍 자란 딸들과 원숙해진 서로의 모습을 바라볼 때면 대견하다. 지금은 아이들을 두고 단둘이 데이트를 하는 게 부부의 낙이다.

최현석은 집에선 요리를 하지 않는다. 자택의 주방과 냉장고는 철저히 아내의 영역

이다. 아내의 요리는 남편과 아이들을 위한 건강식이다. 바쁜 남편이 가끔 집에서 식사할 때면 좋아하는 명란젓을 꼭 식탁에 올리고, 몸이 허해졌다 싶으면 닭백숙을 준비한다.

요리사는 남들 일할 때 쉬고 남들 쉴 때 일하는 직업이다. 특히 크리스마스는 양식 요리사에게 연중 가장 바쁜 시기다. 최현석은 가족과 뜻깊은 성탄절을 보낸 적이 한 번도 없다. 밤 11시에 일을 마치고 식구들과 만나면 새벽까지 하는 삼겹살집을 가곤 했다. 술과 담배가 가득한 곳에서 아이들과 식사하는 게 마음이 편치 않았다. 몇 번을 그러고 나서는 기념일에 외식하려는 생각을 접었다. 그래서 두 딸은 절대 요리를 시키지 않을 생각이다. 요리사와 결혼하는 건 더더욱 반대다.

스테이크

요리 입문 9년 만에 메인 셰프가 되다.

9년 차 되던 해 최현석은 강남 신세계백화점에 있는 라쿠치나 강남점의 주방장으로 승진했다. 레스토랑을 오픈할 땐 주방의 동선부터 패브릭, 그릇 등 인테리어와 소품 하나까지 전부 셰프의 손을 거친다. 최현석은 스승과 함께 라쿠치나 분점을 오픈하면서 그 노하우를 하나하나 배웠다.

메인 셰프가 되어 주방에 서니 무거운 책임감이 엄습했다. 스승의 그늘을 벗어난 순간 같이 일하는 스태프들과 요리, 책임감 등 모든 게 스트레스로 다가왔다. 그러나 '일은 재밌게 하자'는 것이 그의 방식이었다. 백화점 휴일 전날엔 일을 일찍 끝내고 식재료를 준비해 MT를 갔다. 직원들끼리 밤새 고기를 구워 먹고 놀다 오면 주방에서도 손발이 착착 맞았다. 오븐을 가리기 위해 놓은 패널에는 주방 식구들과 놀러 가서 찍은 사진이 가득했다.

밖에선 농담 좋아하고 개그 욕심 많은 형이었지만 주방에만 들어서면 다른 사람이 되었다. 누가 조금만 빈틈을 보여도 바로 욕설을 쏟아 냈다. 손님의 입으로 들어가는 음식을 만드는 곳이니만큼 한 치의 실수도 용납하지 않았다.

요리 입문 11년 만에 최현석은 라쿠치나에서 독립해 스테이크 하우스 '소노마밸리'로 자리를 옮겼다. 그를 스카우트한 오너는 영양탕 가게를 운영했던 사람이었다. 비싼 스테이크를 파는 레스토랑을 열면 큰돈을 벌리라 기대했다. 오너는 최현석과 한마디 상의도 없이 메뉴를 짰다.

그러던 어느 날 최현석은 요리 블로그에서 소노마밸리에 대한 후기를 봤다. "라쿠치나 출신 요리사를 데려왔다더니 역시 라쿠치나의 요리와 겹치는 부분이 많았다." 최현석은 머리를 한 대 얻어맞은 듯 충격을 받았다. 장소만 달라졌을 뿐 스승의 요리와 조금도 다르지 않았다. 밤잠을 설치며 고민한 끝에 그는 자신만의 창작 요리를 개발하기로 결심한다. '크레이지 레시피'의 시작이었다.

캐비어 카펠리니

승부욕에 불을 지펴 준 진정한 미식가 cosmos7

2006년 소노마밸리는 가격 정책 실패로 개업 3개월 만에 문을 닫았다. 폐업하기 3일 전 라쿠치나 요리와 흡사하다는 레스토랑 후기를 남겼던 블로거가 다시 찾아왔다. 아이디 cosmos7은 엄청난 미식가였다. 그의 블로그엔 전 세계 레스토랑에 대한 시식평이 가득했다. 최현석은 전과 다른 요리를 선보이고 싶었다. 그를 위해 열대어 모양의 라비올리를 요리했다. 며칠이 지나 cosmos7의 블로그에 후기가 올라왔다. "이건 블랙테트라(열대어의 한 종류)를 형상화한 듯하다." 맛을 음미하는 데 그치지 않고 그걸 만든 요리사의 마음까지 알아준다는 게 진심으로 고마웠다. 어떻게든 보답하고 싶어 음식평에 댓글을 남겼다. "알아주셔서 정말 감사합니다. 제가 이제 비록 백수가 되지만 약속 하나 하겠습니다. 다음 레스토랑을 오픈할 때는 문 열기 전 당신을 제일 먼저 초대하겠습니다."

몇 달 뒤 최현석은 약속을 지켰다. 라쿠치나 단골이던 그의 팬이 레스토랑 오픈을 제안했고, 청담동에 '테이스티 블루바드'라는 이름으로 문을 열게 된 것이다. 약속한 대로 그 블로거를 초청했다. 그때 내놓은 요리가 '콜드 캐비어 카펠리니'다. 9년 전만 해도 차가운 파스타를 시도한 이는 아무도 없었다. 최현석의 요리에 감동한 cosmos7은 블로그에 극찬을 남겼고 레스토랑은 개업한 지 보름 만에 만석을 이루었다.

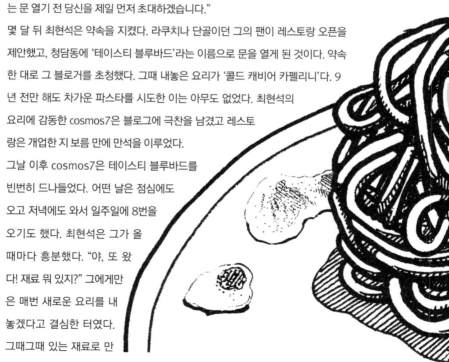

그날 이후 cosmos7은 테이스티 블루바드를 빈번히 드나들었다. 어떤 날은 점심에도 오고 저녁에도 와서 일주일에 8번을 오기도 했다. 최현석은 그가 올 때마다 흥분했다. "야, 또 왔다! 재료 뭐 있지?" 그에게만은 매번 새로운 요리를 내 놓겠다고 결심한 터였다. 그때그때 있는 재료로 만들다 보니 생각지도 못했던 레시피들이 떠올랐다. 눈감고 메뉴를 생각하면 5분 안에 새로운 요리가 탄생했다. 머릿속에 맛이 그려졌고, 실제로 만들면 그 맛 그대로 나왔다. 스스로도 천재임을 의심하지 않았다. cosmos7은 자신이 먹고 싶은 식재료를 가져와 최현석에게 건네기도 했다. 유학 경험이 없던 최현석은 그를 통해 세계 각국의 진귀한 식재료를 접하고 요리해 볼 수 있었다. 값비싼 송로 버섯, 캐비아, 푸아그라로 사치스러운 실험을 속행했다.

새로운 창작 요리를 몇백 개쯤 내놨을 때 cosmos7은 "힘들게 살지 말라"며 그를 말렸다. 그러나 최현석은 이미 '크레이지 셰프'였다. "자꾸 이렇게 나를 믿지 못한다면 똑똑히 보여 주겠다." 최현석은 '파스타만으로 이루어진, 그러나 질리지 않는 코스 요리'를 만들겠다며 내기를 걸었다.

사흘 뒤 최현석은 코스 요리를 완성했다. 애피타이저는 캐비아와 성게 알을 파스타로 돌돌 말아 빵가루에 튀긴 요리였다. 겉으로 볼 땐 드러나지 않지만 씹어 보면 파스타가 들어 있었다. 두 번째 코스는 파스타를 마녀의 고깔모자 모양으로 잘라 만든 샐러드였다. 메인 요리는 리소토인데 식감이 완전히 달랐다. 쌀 대신 국수를 쌀알 크기로 잘라서 만들었기 때문이다. 디저트는 분자 요리였다. 아이스크림을 국수처럼 짜서 파스타 모양을 만들고, 그 위에 석류를 연어 알처럼 만들어 올렸다. 겉으론 연어 알을 올린 파스타지만 먹어 보면 달콤한 석류 아이스크림이었다. "내가 졌다, 졌어. 하하." cosmos7은 호탕하게 웃으며 패배를 인정했다.

cosmos7은 세상에서 최현석의 요리를 가장 많이 먹은 사람이다. 최현석의 가치를 알아보고 누구보다 그의 성공을 바랐다. 최현석은 첫 번째로 낸 요리책 권미에 다음과 같이 썼다. "3년 동안 600가지가 넘는 메뉴를 개발할 수 있게 내 승부욕에 불을 지펴 주신 그분께 무한한 감사를 전한다."

좋은 요리사는 결국 좋은 손님이 만든다. 최현석에게 cosmos7은 인생의 은인이다.

햄버거

빵 위에 패티와 야채와 치즈가 깔리듯 성공에도 시련이 필요하다.

직관만 가지고 만들 수 있는 레시피는 300개까지였다. 영감이 떠오르는 시간이 길어지면서 공부의 필요성을 절감했다. 요리책과 유튜브 동영상을 닥치는 대로 찾아보며 '분자 요리'라는 신세계를 알아 갔다. 음식을 분자 단위로 쪼개 전혀 다른 형태로 변형하는 이 요리법으론 불가능한 게 없었다. 간장으로 젤리를 만들고 고추장으로 아이스크림을 만들었다. 이탈리안 셰프라지만 그의 레시피엔 국경이 없었다. 그렇게 개발한 '최현석 스타일'의 레시피가 1000개가 넘었고, '크레이지 셰프'를 찬양하는 테이스티 블루바드 팬카페 회원은 3800명에 달했다.

절정의 순간에 시련이 닥쳤다. 오너가 일신상의 문제로 한동안 가게를 떠나야 했고, 최현석이 운영을 맡아 주기를 바랐다. 낮은 수익률에 불만이 컸던 오너와 달리 최현석은 음식의 퀄리티를 우선시했다. 경영 철학이 맞지 않아 고민이 됐지만 열정을 바쳐 일군 레스토랑을 그대로 닫을 수는 없었다. 결국 1년 6개월 동안 모든 스카우트 제의를 거절하고 직원 관리와 영업을 도맡았다. 그러나 돌아온 사장은 도리어 손해 배상을 청구했다. 최현석은 퇴직금 한 푼 받지 못한 채 가게를 나왔다. 레스토랑을 책임진 결과가 재산 가압류와 소송으로 나타나자 최현석은 배신감에 치를 떨었다.

딸 둘을 생각하면 마냥 주저앉아 있을 수만은 없었다. 심기일전해 수제 햄버거 브랜드 '버거 프로젝트'를 론칭했다. 작은 매장을 하나 내면서 디자인 회사에 BI도 맡겼다. 그런데 소송 과정에서 잡음이 생기면서 한 달 넘게 작업한 디자이너가 빠지겠다고 통보해 왔다. 괜히 소송에 휘말리고 싶지 않다는 이유였다. 그날 최현석은 눈물을 흘리며 다짐했다. "지금은 힘이 없어 이렇게 휘둘리지만 반드시 몇 배로 갚아 줄 날이 온다."

최현석은 퇴직금 및 손해 배상 소송에서 전부 승소했다. 청담동의 그 레스토랑은 최현석이 떠난 뒤 문을 닫았다. 그러나 돈은 아직 받지 못했다.

소금

만화 캐릭터처럼 개성과 매력을 팍팍 뿌리는 요리사

2010년 어느 날 한 청년 사업가가 최현석을 찾아왔다. "고졸 출신 셰프에 외국 물도 안 먹고, 요리 공부도 제대로 한 것 같진 않고. 그래서 난 당신이 마음에 듭니다. 창의력 하나로 그 자리까지 올라왔다는 거니까요. 앞으로 판을 깔아 드릴 테니 하고 싶은 대로 요리하세요." 사업가는 원하는 연봉을 물었고, 그 자리에서 계약금 천만 원을 건넸다. 사정을 알았는지 소송은 잊고 요리에만 전념하라며 최고의 변호사까지 붙여 줬다. 그는 뉴욕, 파리와 같은 세계의 미식 도시에 '엘본'이라는 이름으로 레스토랑을 열겠다는 꿈을 갖고 있었다. 최현석도 같은 꿈을 꾸고 있었다.

최현석은 테이블 높이부터 식탁보, 유니폼, 주방 집기, 조명, 그릇 하나까지 '엘본 더 테이블'의 모든 것을 디자인했다. 그를 그리워하던 미식가들은 새로운 레스토랑을 다시 찾았고, 방송가에도 소문이 퍼졌다. 최현석은 요리라는 콘텐츠가 교양뿐 아니라 예능에도 적합하다고 생각했다. 이전의 요리 프로그램은 시청자들이 따라 하기 좋은 요리를 알려 주는 데 그쳤다. 요리사는 기능인이었다. 최현석은 케이블 채널에서 방영된 〈크레이지 타임〉 시즌 1, 2를 통해 누구도 흉내 낼 수 없는 요리들을 쇼처럼 선보였다. 대본은 무시하고 주방에서 놀던 모습 그대로 카메라 앞에 섰다. 경직된 요리사 이미지를 깨고 만화 캐릭터처럼 소금을 뿌리는 모습에 시청자들은 열광했다. '쿡방'은 요리보다 요리사들의 다양한 개성과 매력을 부각하는 쪽으로 판이 바뀌었다.

방송 출연과 인터뷰, 강연 등으로 눈코 뜰 새 없이 바쁜 와중에도 최현석은 레스토랑을 지킨다. 돌아갈 주방이 있기에 잠깐의 외도가 짜릿하다는 것을 그는 안다. 최현석은 말한다. "셰프로 산다는 건 매우 고된 일이다. 후배들에게 말하곤 한다. 노동자로 시작해서, 기술직으로 익어 가다가, 예술직으로 전환하라고. 그렇게 되뇌며 오늘도 이 일을 계속한다."

CRAZY

recipe

젤리 소스를 곁들인 차슈와 꿀인 이거렁 • 남은복소 제공

두부김치 모양의
엔다이브 샐러드

외양을 보면 막 담근 김치 같다. 먹으면 토마토와 바질, 엔다이브*와 모차렐라가 어우러진
카프레제가 입안에 퍼진다. 이탈리안 정통 대표 음식을 한식 모양으로 만들었다.

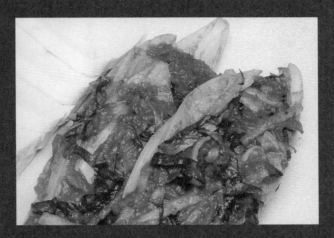

ingredient
엔다이브 1개, 배 1/8쪽, 토마토케첩 1테이블스푼, 라즈
베리퓌레 1티스푼, 토마토퓌레 1티스푼, 바질 잎 2장, 프
레시 모차렐라치즈 100g

recipe
1. 엔다이브 절이기
(1) 엔다이브를 반으로 자른 다음, 배추 절이듯 사이사이
에 굵은 소금을 뿌린다.
(2) 약 1시간 숨을 죽인 후 엔다이브에 남아 있는 소금기
를 찬물에 헹군다.
2. 가짜 김칫소 만들기
(1) 토마토케첩과 라즈베리퓌레, 토마토퓌레를 섞는다.
(2) 배와 바질 잎을 채 썬 뒤 1에 넣어 버무린다.

3. 가짜 두부 만들기
(1) 사각 틀에 면 보자기를 깔고 그 안에 프레시 모차렐라
치즈를 꾹꾹 눌러 담는다.
(2) 랩으로 싸서 냉장고에 30분간 보관한다.
4. 배와 바질 잎을 채 썰어 토마토드레싱과 섞는다.
5. 절인 엔다이브 사이사이에 드레싱 소스를 채운다.
6. 2를 접시에 담고 사각 틀에 담은 치즈를 꺼내 두부 모양
으로 잘라 접시 한쪽에 담는다. 그 옆에 김치 모양의 엔다
이브를 놓는다.

annotation
*엔다이브endive : 꽃상추의 어린잎. 익히거나 날것으로
먹을 수 있다. 쌉쌀하고 깔끔한 맛이 난다.

61

간장 젤리를 덮은
삼겹살 수비드

중식에서 익숙한 돼지고기와 간장의 조합으로 만드는 고급 요리. 수비드ᵒ한 삼겹살에
간장 젤리를 덮어 씹는 질감을 더했다.

ingredient

돼지 삼겹살(3인분), 올리브오일 2테이블스푼, 로즈마리
1줄기, 된장 1테이블스푼, 대파 10g, 사과 주스 500g, 간
장 100g, 꿀 50g, 카라기난 23g

recipe

1. 간장 젤리 만들기

(1) 사과 주스에 간장과 꿀을 넣고 잘 섞는다.

(2) 카라기난을 넣고 10분간 불린다.

(3) 핸드 블렌더로 잘 섞이도록 갈아 준다.

(4) 약한 불에 올려 끓이다 카라기난이 다 녹아 투명해지
면 거품을 걷어 낸다.

(5) 테플론페이퍼 위에 부은 후 얇게 밀어서 간장 젤리를
만든다.

2. 삼겹살 수비드 만들기

(1) 수비드 팩에 삼겹살을 넣고 올리브오일과 된장을 잘
섞어 넣는다.

(2) 로즈마리를 넣은 후 진공시킨다.

(3) 진공 팩에 담긴 삼겹살을 70℃ 물에 24시간 동안 담
가서 천천히 익힌다.

3. 수비드한 삼겹살의 가장자리를 칼로 반듯하게 다듬은
후 팬에 올리브오일을 두르고 노릇하게 굽는다.

4. 그 위에 간장 젤리를 덮고 얼음물에 담가 매운맛을 뺀
대파를 가늘게 채 썰어 올린다.

annotation

ᵒ수비드 : 밀폐된 비닐봉지에 담긴 음식물을 미지근한 물
속에서 오랫동안 데우는 조리법.

로맨틱 장미 거품과
와사비 페스토 크림 바닷가재

아내를 생각하며 개발한 로맨틱한 요리다. 최현석이 좋아하는 식재료인 장미로
거품 소스*를 만들었다. 특별한 날에 도전할 만하다.

ingredient
바닷가재 1마리(500g), 바질 잎 3장, 휘핑크림 100g, 화
이트와인 150g, 사프란** 조금, 소금과 후추 조금, 장미잼
30g, 물 50g, 대두단백 레시틴 1/2티스푼

recipe
1. 바질 잎을 휘핑크림과 함께 갈아준다. 거품기로 크림을
만든 뒤 소금으로 간을 해 페스토 크림을 만든다.
2. 바닷가재를 끓는 물에 5~7초간 담갔다 꺼내 얼음물에
넣은 후 껍질을 제거한다.
3. 화이트 와인에 사프란을 넣어 색을 낸 뒤 그 안에 바닷
가재 꼬리를 30분간 담가둔다.
4. 접시에 페스토 크림→가재 슬라이스→페스토 크림→
가재 슬라이스 순서로 쌓아 올린다.

5. 물과 장미잼, 레시틴을 섞은 뒤 핸드 블렌더로 거품을
만들어 곁들여 준다.

recommended wine
로제 와인rose wine

annotation
*거품 소스 : 100% 장미 추출액을 시중에서 살 수 있다.
이 장미 원액을 사이다에 희석한 후 희석 액 표면을 핸드
블렌더로 갈면 거품이 생긴다.
**사프란 : 붓꽃과의 식물. 꽃술을 취해 향신료로 쓴다. 향
이 강하고 색이 곱다. 쌀 요리나 생선 잡냄새를 제거할 때
두루 사용된다.

전복죽 맛의
스파게티 누들로 만든 리소토

리소토 같지만 알고 보면 파스타다. 면을 쌀 모양으로 잘라 만들었다. 일반 리소토보다 조리
시간이 짧다. 알 단테* 상태의 생면을 이용해 심이 살아있는 리소토를 3분 안에 만들 수 있다.

ingredient
생면 링귀니 210g, 전복1개, 물에 불린 미역 20g, 조개
스톡 700g, 휘핑크림 20g

recipe
1. 전복죽 소스 만들기
(1) 전복은 내장을 분리한 후 살을 얇게 저며 손질해둔다.
(2) 참기름에 전복 내장을 넣고 마늘을 넣은 뒤 볶다가 미
역을 넣어 다시 볶는다.
(3) 조개 스톡을 붓고 끓인 후 믹서에 곱게 간다.
2. 링귀니 누들을 쌀알 크기로 자른다.
3. 팬에 오일을 두른 후 마늘을 볶다가 얇게 저민 전복을
넣고 볶는다.
4. 조개 스톡을 붓고 전복죽 소스와 잘라 둔 쌀알 링귀니

를 넣어 푹 끓인다.
5. 촉촉한 느낌을 유지하면서 쌀알 중심이 다 익지 않았을
때 접시나 볼에 담는다.

recommended wine
샴페인champagne

annotation
*알 단테 : 파스타 면을 중간 정도로 설익힌 것

스시
파스타

일본 퓨전 요리의 대표작이다. 밥 대신 면이 들어갔다. 하나씩 집어 먹는 파스타는
기존 파스타와는 또 다른 맛을 선사한다.

ingredient

소고기 채끝 슬라이스 10g, 꽃새우 2마리, 성게 알 8g,
광어 슬라이스 10g, 연어알 15g, 참치뱃살 10g, 링귀니
60g, 엑스트라 버진 올리브오일 1테이블스푼, 소금과 후
추 조금 / 먹물도우 – 밀가루 100g, 달걀 50g, 오징어 먹
물 1테이블스푼 / 바질 페스토 – 바질 50g, 파슬리 10g,
올리브오일 150g, 잣 80g, 소금 ½티스푼 / 와사비 크림
– 생와사비 30g, 생크림 30g

recipe

1. 먹물도우 만들기

(1) 달걀에 먹물을 풀고 밀가루와 섞어 반죽한다.

(2) 비닐 팩에 넣어 1시간 정도 실온에 둔 뒤 꺼낸다. 얇게
밀어 3×20cm 크기로 자른다.

2. 바질 페스토 만들기

(1) 믹서에 올리브오일을 넣고 바질과 파슬리(잎 부분만),
잣을 넣어 소금으로 간을 한 후 갈아 준다.

3. 스시 파스타 면 만들기

(1) 링귀니 면을 끓는 물에 2분 30초간 삶는다.

(2) 얼음물에 속까지 차가워지도록 헹군다.

(3) 물기를 꼭 짜고 믹싱볼에 담아 2와 엑스트라 버진 올
리브오일, 소금과 후추를 넣어 잘 섞는다.

(4) 25g씩 말아서 초밥처럼 모양을 잡아 둔다.

4. 파스타 면에 와사비 크림을 올린 후 쇠고기, 참치 뱃살
등 준비해 둔 슬라이스를 얹는다.

5. 1 piece 혹은 2 piece씩 접시에 가지런히 담으면 완성.

Vin
Rouge

뱅 루주

- 오감五感에 대한 단편〈우울氏의 一日〉

'육류는 레드 와인, 생선은 화이트 와인'이라는 말이 있지만 꼭 그렇지만은 않다. 장어구이나 양념이 강한 생선 요리에는 입안을
개운하게 해줄 레드 와인이 적합하다. 체다 치즈나 브리 드 모 같은 곰팡이 치즈도 레드 와인과 잘 어울린다.

Choi Hyun-seok

short story

우울氏의 一日

(함민복의 시집《우울氏의 一日》에서 빌려 옴)

재작년 여름 지인의 초청으로 뉴욕을 방문했다. 도착 첫날은 일정이 맞지 않아 낮 시간을 혼자 보내야 했는데, 자유의 여신상이나 브로드웨이 등지는 다음 날부터 지인과 함께 돌아볼 참이어서 하는 수 없이 뉴욕현대미술관으로 향했다. 그곳에서 고흐의 〈별이 빛나는 밤〉을 보았고, 그 작품 하나를 다시 만나기 위해 뉴욕에 머문 닷새 동안 두 번이나 더 미술관을 찾았다.

나는 지금 고흐의 〈별이 빛나는 밤〉을 보고 있다. 그렇다고 뉴욕현대미술관 5층 전시실 바닥에 앉아 이 글을 쓰고 있다는 건 아니다. 창밖으로 인왕산이 내다보이는 작은 원룸에서 인터넷으로 그림을 감상하고 있다. 실물에 비해 강렬한 인상은 덜하지만 카메라를 치켜든 세계 각국의 관광객들과 부딪힐 일도 없고 다리도 아프지 않아 그런대로 만족스럽다.

이 작품의 두드러진 특징은 구름인지 밤안개인지 특정할 수 없는 괴형체가 별과 별 사이를 구불구불 — 고흐의 거친 붓놀림으로 마치 살아 움직이듯 — 떠다니고 있다는 것이다. 인터넷 검색 결과에 따르면 그건 구름이라고 하는데 한밤중에 또렷한 구름과 백열하는 별을 동시에 관찰하기란 쉬운 일이 아니다. 그래서 나는 대기의 흐름이 아닐까 추측하는데, 그렇다면 고흐는 인간의 눈으로 어떻게 바람의 이동을 포착했을까. 생리적, 병리적, 심리적 측면에서 다양한 해석이 가능하겠지만 내가 보기엔 단순히 술 처먹고 실수한 것 같다.

Vin Rouge

서양화를 전공한 내 오랜 친구는 술만 먹으면 시대를 잘못 타고난 천재 화가로 빙의한다. 지난번에 만났을 때는 딱 한 잔만 더 하자고 집으로 끌고 가더니 거실에 전지를 깔고 아크릴 물감을 뿌려 대는 신종 주사를 선보였다. 내 눈엔 알코올 중독자가 미술 치료를 받는 광경으로 보였는데 녀석은 그걸 파편화된 현대인의 개별적 의지를 채집하는 퍼포먼스라고 했다. 다음 날 아침 육신을 되찾은 녀석은 전지를 종량제 봉투에 구겨 넣고 호박즙을 쪽쪽 빨아 마시면서 정확히 무슨 일을 하는지 알 수 없는 회사로 출근했다. 고흐 역시 당시 유럽에서 유행하던 압생트라는 도수 높은, 거의 화공 약품 수준인 술을 병째 들이켜고 예술가 콘셉트에 흠뻑 젖어 붓을 들었으리라. 그리고 이튿날 오후 지끈거리는 이마를 싸쥐고 이렇게 말했겠지. "염병할, 이러니 그림이 한 장도 안 팔리지."

내가 〈별이 빛나는 밤〉을 좋아하는 이유는 몽환적인 분위기 때문이다. 화폭을 가득 메운 별을 보노라면 한여름 밤의 꿈처럼 신비롭고 기이한 망상에 빠져든다. 내가 알기로 별처럼 별스러운 존재는 지구별에 없다. 인간이라면 누구나 별을 보며 인간의 왜소함과 우주의 광활함과 어쩌고저쩌고하는 개똥철학을 나불댈 수 있는데, 살면서 가장 많은 별을 본 기억은 아프리카의 코모로 제도에서였다.

2004년 아테네 올림픽이 한창일 때 나는 코모로 제도의 수도 모로니에 보름간 체류했고, 그곳에서 인도양 최고봉이라는 카르탈라 산에 올라 쏟아지는 별들을 만났다. 사실 그 산은 인도양 최고봉이 아니었다. 현지 택시 기사의 농간에 속아 바로 얼마 전까지 잘못 알고 있던 것인데, 어쨌든 나는 인도양 최고봉에서 텐트를 치고 자다가 등이 배겨 밤중에 잠이 깼다. 텐트 밖으로 무심코 머리를 내밀었는데 왈칵 눈물이 났다. 태어나서 그렇게 많은 별은 처음이었다. 거짓말 약간 보태서 검은 점보다 하얀 점이 더 많았다. 나는 별들의 고향을 찾은 순례자가 된 심정으로 밤하늘을 바라보았다. 찌르륵찌르륵, 별이 우는 밤에 나는 배낭에 있던 위스키를 꺼내 홀짝이며 다가올 날들을 한없이 낙관했었다.

내 원룸에서도 별이 보인다. 그런데 서울 하늘에선 굉장히 독한 놈들, 그러니까 무지막지하게 밝은 빛을 발하는 별들만 볼 수 있다. 인색한 밤하늘을 올려다보면 나는 괜히 서러워진다. 별들도 약육강식하는 서울에서 나라는 별은 흔적도 보이지 않는, 아프리카의 인도양 최고봉을 사칭하는 산에서나 보이는, 별 볼 일 없는 별이겠지, 하는 생각에 쳐든 고개를 꺾고 만다.

고흐의 〈별이 빛나는 밤〉을 볼 때마다 나는 이십 대 무렵을 떠올린다. 마음 가는 대로 매사에 부딪쳐 보던 소행성 같던 시절을. 그림 속 열한 개의 별과 달은 내게 말한다. "보이지 않는다고 없는 건 아니잖아?" 그러면 나는 '나보다 더 불행하게 살다 간 고흐란 사나이'를 떠올리고, 흐린 별빛보다는 탁한 대기를 탓하며 뺨 맞는 아Q 뺨치는 정신 승리를 거두는데, 그렇다고 내 인생에 건배를 하고 싶지는 않다.

명화 감상과 짝을 이루는 예술 장르가 있다면 단연 음악이다. 루브르나 대영박물관을 비롯한 세계 유수의 박물관 내부에서도 명화 감상의 즐거움을 돋우기 위해 잔잔한 음악을 트는데, 사실 나는 음악적 인간은 못 된다. 가사를 외우는 노래도 손에 꼽을 정도다. 음악이 듣고 싶을 때는 대신 라디오를 켠다. 자정이 지난 지금 라디오에서 나오는 노래는 벨벳 언더그라운드의 〈페일 블루 아이스〉다. 내가 알고 있는 몇 안 되는 팝송 중 하나다.

노래에 귀를 기울인다. 2초 간격으로 찰랑대는 탬버린 박자에 맞춰 곡을 끌고 나가는 남성 보컬의 맥 빠진 목소리가 나쁘지 않다. 달팽이관을 활짝 펴고 소리의 종류를 세어 본다. 탬버린. 기타. 보컬. 세 가지다. 방금 가사 한 줄이 들렸다. 예스터데이, 어쩌고, 두 잇 원스 어게인. 역시 언어는 아는 만큼 들린다. 만약 그리스인이 내게 그리스식 발음과 억양으로 "개새끼"라고 말한대도 나는 대번 알아들을 것이다. 심지어 귀는 모르는 말도 아는 말로 둔갑시킨다. 이런 우스개가 있었다. 한국인이 길을 묻는다. "Central Park? Where?" 미국인이 대답한다. "I see, follow me." 한국인은 이 양놈이 날 언제 봤다고 대뜸 욕지거리지, 하고 얼굴을 붉힌다. 귀는 대단히 자의적이면서 동시에 쌀쌀맞은 감각 기관이다. 업무에 열중하는 회사원을 떠올려 보자. 전화벨이나 상사의 부름에 그 또는 그녀는 즉각 반응할 것이다. 하지만 벽시계 초침 소리, 자판 두드리는 소리, 복사기가 윙윙대는 소리는 어지간해선 지각하지 못한다. 어쩌면 귀는 소리를 들으라고 있는 게 아니라 듣지 말라고 있는 건지도 모른다. 세상이라는 라디오에서 우리가 들을 수 있는 주파수는 제한적이다. 그마저도 우리는 옳게 듣지 못한다.

노래가 끝났다. 여자 디제이의 말소리가 들린다. 페트병에 쇠붙이를 넣고 흔드는 것처럼 칼 칼한 음성. 졸음운전을 막기엔 유용하겠다. 스물 몇 살쯤에 연애한 아가씨도 목소리가 저랬다. 휴대폰 커플 요금제를 맺었다가 바로 그날 후회하고 말았다. 통화 요금을 따져 가며 적당한 선에서 끊을 땐 그럭저럭 참을 만했지만, 무료 통화가 되면서 매일 밤 두세 시간씩은 전화통을 붙잡고 있어야 했다. 눈의 지원 사격도 없는 고립 상태에서 한계점을 넘은 귀는 모반을 꾀했다. 그녀가 무슨 말을 해도 예의 쇳소리 때문에 아니꼽게 들렸다. 귀가 익을 정도로 통화하다 그녀가 "졸려?" 하고 물으면, 내겐 그 말이 "너 뭐야? 애정이 식었어? 딴 여자 생겼어?" 하고 따지는 소리로 들렸다. 얼마 못 가 우리는 서로의 전화기에서 서로의 번호를 지웠다.

Vin Rouge

장시간 목을 내밀고 노트북을 썼더니 어깨가 결린다. 왼손으로 오른쪽 어깨를 주무른다. 가는 뒷목을 꼭꼭 누른다. 가슴으로 손을 옮긴다. 오른쪽 젖꽃판 가장자리에 왼손 중지를 대고 지름이 좁아지는 원을 반시계 방향으로 그린다. 만지는 데는 젖꼭지인데 괜히 허벅지 안쪽이 저릿하다. 젖꼭지가 부풀어 오른다. 단단해진다. 원을 그리다 나는 중대한 사실을 깨달았다. 손으로 젖을 만지면 몸에서 손이 분리된다.

젖과 책상을 번갈아 문지르면 간단히 증명된다. 나는 내 왼손 중지가 책상 표면과 마찰하여 생기는 촉감을 생생히 지각할 수 있다. 그런데 젖꼭지에서 원을 그리면 내 손가락은 더는 내 것이 아니게 된다. 둔감한 실험자라면 왼손 중지에 침을 발라도 좋겠다. 어째서일까. 우둘우둘한 손가락보단 야들야들한 젖꼭지에 감각을 느끼는 신경 세포가 더 많기 때문일까.

더 강한 자극에 감각이 집중된다는 사실을 우리는 이미 알고 있다. 우리는 자위를 하면서 손가락의 촉감을 즐기지 않는다. 손가락이 쥐고 흔드는, 혹은 넣어지고 쑤셔지는 생식기의 감촉을 즐긴다. 실증적 데이터 수집을 위해 손을 좀 더 아래로 내려 보겠다. …나의 가설은 적중했다. 손의 촉각은 망실되었다. 지금 내 몸에서 기능하는 부위는 자지밖에 없는 것 같다. 나의 이론은 여러모로 유용하다. 침실에서의 활용은 물론이고 호신 효과도 기대할 수 있다. 예컨대 왼쪽 엄지발톱을 뽑고 거즈를 붙인다. 그러고 나서 밤길을 걷다가 불량배를 만나 시비가 붙으면 놈들의 주먹이 나의 턱을 가격하기 직전에 내 왼발을 내가 힘껏 밟는다. 턱의 고통 따위는 잊고 온전히 발가락에만 신경을 쏟을 수 있다. 정말 아킬레우스적인 발상이 아닌가.

아킬레우스처럼 반인반신이 아닌 우리는 살아생전 스틱스 강에 몸을 담글 수 없다. 대신 요르단 강물에 몸을 적시고, 갠지스 강물에 몸을 씻고, 모스크 앞에서 몸을 닦는다. 무얼 그리 벗겨 내고 싶은 걸까. 사람의 피부는 겉에서부터 표피와 진피, 피하 지방으로 이루어져 있으며 자극을 느낄 수 있는 감각점은 진피에 있다. 결국 우리는 표피에 막혀 사물의 본질에는 직접 닿을 수 없다. 그저 가늠할 뿐이다. 사람이 사람을 만지는 건 껍질로 껍질을 더듬는 격이다. 게다가 거치적거리는 옷까지 껴입고 있으니 오해가 생길 수밖에. 그러니까 저기서 잠깐만 쉬었다 가지 않을래? 대학 마지막 학기 때 나는 이런 논리로 우리 과 신입생을 유혹하려 한 적이 있는데, 그날 이후로 동문 모임에는 나가지 못하고 있다. 잠깐 화장실에 다녀와야겠다.

화장실에 다녀왔다. 빨리 오려고 서두르다 손을 씻지 않았다. 기왕 이리된 거 손 냄새나 한번 맡아야겠다. 이건 더럽고 추잡한 악취미가 아니라 영장류에서 진화한 인간의 본능이다. 지금 내 오른손 엄지와 중지에선 노린내가 난다. 학교 앞 문방구에서 팔던 어육 소시지 냄새

70

에 가깝다. 손바닥에선 바다 내음이 느껴진다. 눈을 감고 후각에 집중한다. 손바닥에 코를 대고 숨을 깊이 들이마신다. … 약간의 소금기, 백사장에 비치 타월을 깔고 누운 여인들, 뒤꿈치로 작은 무지개를 만드는 개와 어린아이. 내 손에 담긴 냄새의 이미지들이다.

마르셀 프루스트의 《잃어버린 시간을 찾아서》에서 일인칭 화자는 홍차에 적신 마들렌 과자의 향을 맡고 잃어버린 과거의 기억을 되찾는다. 반세기 뒤 과학적으로 증명된 후각의 연상작용을 그는 일찌감치 알고 있었다. 주인공이 과거를 기억하는 방식을 살펴보면 후각의 본질에 근접할 수 있다. 마르셀은 기억을 캐내지 않았다. 다만 과자의 향에 의해 불현듯 떠오른 기억을 붙들었다. 후각은 기억의 독재자다.

후각은 우리 의지와 관계없이 모든 자극을 수용한다. 그리고 트림하듯 기억을 뱉어 낸다. 피델 카스트로만큼 명도 길어서 잊었다 생각한 기억마저 끄집어낸다. 교외 국도의 거름 냄새는 할아버지 댁의 외양간을, 공중변소의 따가운 소독약 냄새는 중학교 3학년 여름 방학의 시립 실내수영장을 떠올리게 한다. 좋은 냄새들은 그밖에도 많지만 그중 최고는 엄마의 체취다.

어릴 적이었다. 눈뜨니 아무도 없었다. 부모님을 찾으러 온 동네를 뒤졌다. 주인집 아주머니에게 물었더니 아주머니가 말했다. "너 안 일어난다고 월미도로 꽃게탕 먹으러 간다던데?" 나는 게딱지만 한 안방으로 뛰어들어 이부자리 위에 벗어져 있는 엄마의 메리야스를 끌어안고 울었다. 옷에선 엄마 냄새가 났다. 눈을 감으니 엄마 품에 안긴 기분이었다. 만약 백 가지 냄새를 벌여 놓고 그중 엄마 냄새를 고르라고 한다면 나는 단번에 알아맞힐 자신이 있다.

언뜻 후각은 40년 전통의 전당포 주인처럼 별걸 다 기억하는 듯하지만 정작 일상의 냄새엔 무신경하다. 실례로 내 몸에선 담배 냄새가 진동하지만 나는 알아차리지 못한다. 18년간 흡연한 내가 그동안 은행 창구에서 지폐를 셌다면 지금쯤 돈다발을 집기만 해도 금액을 얼추 맞힐 수 있을 것이다. 그런데 후각은 익숙할수록 되레 둔감해진다. 코가 쉽게 피로해지는 까닭은 익숙한 냄새만 맡지 말고 다른 냄새도 맡으라는 조물주의 자비 덕분인지도 모른다.

명화를 보고 음악을 듣고 스스로를 위로하고 흠향하는 날, 술이 빠질 순 없다. 냉장고에서 캔맥주를 꺼내 온다. 캔 따는 소리가 전쟁의 서막을 알리는 신호탄 같다. 화약 연기처럼 하얀 거품이 자욱하게 피어오른다. 서둘러 입을 붙인다. 폭신한 거품이 성문을 열자 탄산으로 무장한 병사들이 밀려든다. 담황색 군기를 휘날리며 목구멍을 지나 식도를 타고 위장에 진주한다. 홉 가스탄과 탄산 총에 픽픽 쓰러지는 내 몸의 여린 세포들. 감탄사가 절로 나온다.

지금 마시고 있는 독일 맥주는 거품이 풍성하고 부드러워 입 안에 고루 퍼지는 향취가 예술이다. 사실 무취에 가깝지만 맥주 거품에는 향취란 말이 어울린다. 하긴 맛의 90퍼센트는 향에서 결정된다니 아주 틀린 말도 아니다. 그래서일까. 맥주의 맛을 표현할 때 사용하는 형용사들은 미각과 무관하다. 입에 착착 감긴다. 목 넘김이 부드럽다. 무겁고, 묵직하고, 거칠고, 깊고, 풍부하고, 투박하고, 향긋하고, 가볍고, 시원하고, 싸하고, 톡톡 튀는 맛과 향.

어디 맥주만 그런가. 《미스터 초밥왕》이란 일본 만화가 있다. 초밥 요리사가 주인공인데 거기에 등장하는 초밥 품평은 하나같이 회화적이다. 이를테면 이런 식이다. "이야! 이 맛은 마치 남태평양의 참다랑어 떼가 위장에서 한꺼번에 솟구치는 기분이야!"

눈 감고 씹으면 광어와 우럭도 분간하지 못하는 저렴한 혀를 소유한 나로선 백날 가도 참다랑어 떼가 위장에서 공중제비를 도는 감동을 만끽할 수 없겠지만, 어쨌거나 저런 호들갑스런 묘사는 맛을 표현하는 어휘가 태부족해서 발생한다. 오감 중 시각에 절대적으로 의존하고 있는 현대 사회에서 미각은 사적 영역에 갇혀 있다. 미각의 해방을 위해서는 나의 미각을 타인과 공유하는 작업이 필수적이다. 그런데 한국 사람과 터키 사람이 의사소통하려면 통역이 필요하듯 나의 미각을 타인과 공유하는 순간, 미각은 시각 지배 사회의 언어로 변질되고 고유의 맛을 상실한다. 그리하여 오늘도 참다랑어 떼는 위장 속을 헤엄친다. 보기 좋은 떡이 먹기도 좋다는 옛말은 시각에 잠식된 미각의 암울한 현실을 적나라하게 드러낸다.

벌써 한 캔을 다 비워 간다. 마지막 캔이었는데. 되도록 아껴 마시다가 정 부족하면 소주를 까야겠다. 말이 났으니 말이지만 요사이 미각 해방 전선의 반격이 심상치 않다. 위대한 서사시 《일리아스》에도, 《홍길동전》에도, 도스토옙스키의 노작들에도 식사하는 장면은 좀체 등장하지 않지만 — 작품 속 인물들은 독자들 모르게 먹고 마셔야 했다 — 최근에는 음식을 주제로 하거나 요리사를 주인공으로 내세운 작품들이 쏟아져 나오고 있다. 텔레비전만 켜도 쉽게 알 수 있다. 불과 몇 년 전만 해도 음식 관련 방송은 평일 초저녁에 짤막히 방영되는 맛집 소개 프로그램이 전부였다. 거기서 주인공은 미각이 아니라 음식이었다. 카메라 앵글은 당연히 음식에 초점을 맞췄다. 그런데 언젠가부터 먹고 마시는 행위에 주목하는 프로그램들이 늘고 있다. 최근엔 만드는 행위로까지 관심이 번졌다. 밑천이 떨어진 시각 지배 사회에서 미각은 색다른 차원의 흥미를 유발할 수 있는 미답의 영역이기 때문이다.

결국 소주를 꺼냈다. 엊그제 먹고 반쯤 남긴 소주인데 그새 김이 샜다. 김빠진 소주는 과산화수소에 맹물을 타서 먹는 것처럼 쓰기만 하고 소주 특유의 감칠맛이 나지 않는다. 그래서 안주에 손이 자주 간다. 오늘의 안주는 멸치볶음. 달착지근하면서도 간장기가 살짝 배어 술도

둑이 따로 없다. 지난주에 엄마가 택배로 보낸 건데 반찬통에선 엄마 냄새가 나지 않는다. 대신 엄마 손맛이 난다. 하지만 미각은 후각만큼 치밀한 놈은 아니어서 멸치볶음 백 가지를 늘어놓고 엄마 손맛을 맞히라고 한다면 쉽게 성공할 자신이 없다. 그러니 미각과 관련한 어휘가 적을 수밖에. 가만 생각하니 김빠진 소주의 맛을 감별한 건 지나친 음주와 흡연으로 무뎌질 대로 무뎌진 혀가 아니라 반쯤 남은 소주병을 목격한 눈인지도 모르겠다.

맛이란 뭘까. 삼겹살, 제육볶음, 아귀찜, 빌어먹을 꽃게탕… 이런 음식 말고도 우리는 '맛이 있다'는 표현을 곧잘 쓴다. 김광석의 노래에 담백한 맛이 있다고들 하듯. 나는 맛이라는 현상이 미각 세포의 화학 반응으로만 일어난다고 여기지 않는다. 광의의 맛은 고차원적 정신 작용의 산물이다. 사랑하는 여인의 입술이 달콤한 까닭은 거기에 땅콩버터를 발라 놓았기 때문이 아니다. 그렇다면 손 한번 잡아 보지 못한 짝사랑 그녀와 뜨거운 입맞춤을 나누면서 내 왼발을, 그러니까 엄지발톱을 뽑은 왼발을 세게 밟으면 어떤 느낌일까. 아마 발가락이 떨어져 나가는 아픔을 경험하겠지. 성적 욕구나 종족 번식의 본능보다 생존 본능이 앞설 테니까. 인간의 모든 욕구와 감각을 실험대 위에 올려놓고 덜 중요한 순으로 하나씩 지워 나가면 최후에 남는 건 통각일까. 그럼 결국 우리는 아프지 않기 위해 살아가는 걸까.

내가 왜 이런 말도 안 되는 소리를 자꾸 지껄이느냐면 나는 지금 독자 제위도 모르게 소주 반 병을 해치우고 빠른 속도로 두 번째 병을 비우고 있기 때문이다. 내 작은 방은 고흐의 노란 방을 닮았다. 원근이 흐려지고 사물이 부유한다. 창 너머 밤하늘은 우물 속처럼 검기만 하다. 별은 어디에도 없다. 없는 건 아니지. 있지만 보이지 않는다. 여기가 인도양 최고봉이 아닐 바에야 별 따윈 서울에서 볼 수 없다. 어느 여름밤 고흐는 취하고 싶었다. 동생이 부친 돈으로 밤새 올리브색 독주를 마셨다. 눈앞이 빙빙 돌아서 붓을 뱅뱅 돌렸고 〈별이 빛나는 밤〉을 완성했다. 팔리지 않을 그림을 멍청히 바라보며 중얼거렸다. 살아야겠다. 죽어야겠다. 살아야겠다. 죽어야겠다. 어쩌면 고흐는 세상이 두려워 제 귀를 잘랐겠다. 라디오에선 팝송이 흐른다. 간만에 또 아는 노래. 영화 〈중경삼림〉의 주제곡 〈몽중인〉이다. 왕페이인지 페이왕인지 하는 배우 겸 가수가 번안해서 불렀는데, 나는 크랜베리스의 원곡보다 이 곡을 선호한다. 광둥어를 한마디도 할 줄 모르지만 영어보다 말의 울림이 동글동글해서 선하게 여겨진다. 사실 모르겠다. 이 노래가 좋은 건지, 이 노래가 삽입된 영화가 좋은 건지, 이 노래가 삽입된 영화를 보던 시절이 좋은 건지. 인도양 최고봉에 오른 듯 허벅다리가 뻐근하다. 손에선 이제 아무 냄새도 나지 않는다. 나는 다시 술잔을 기울이고 생각은 계속된다.

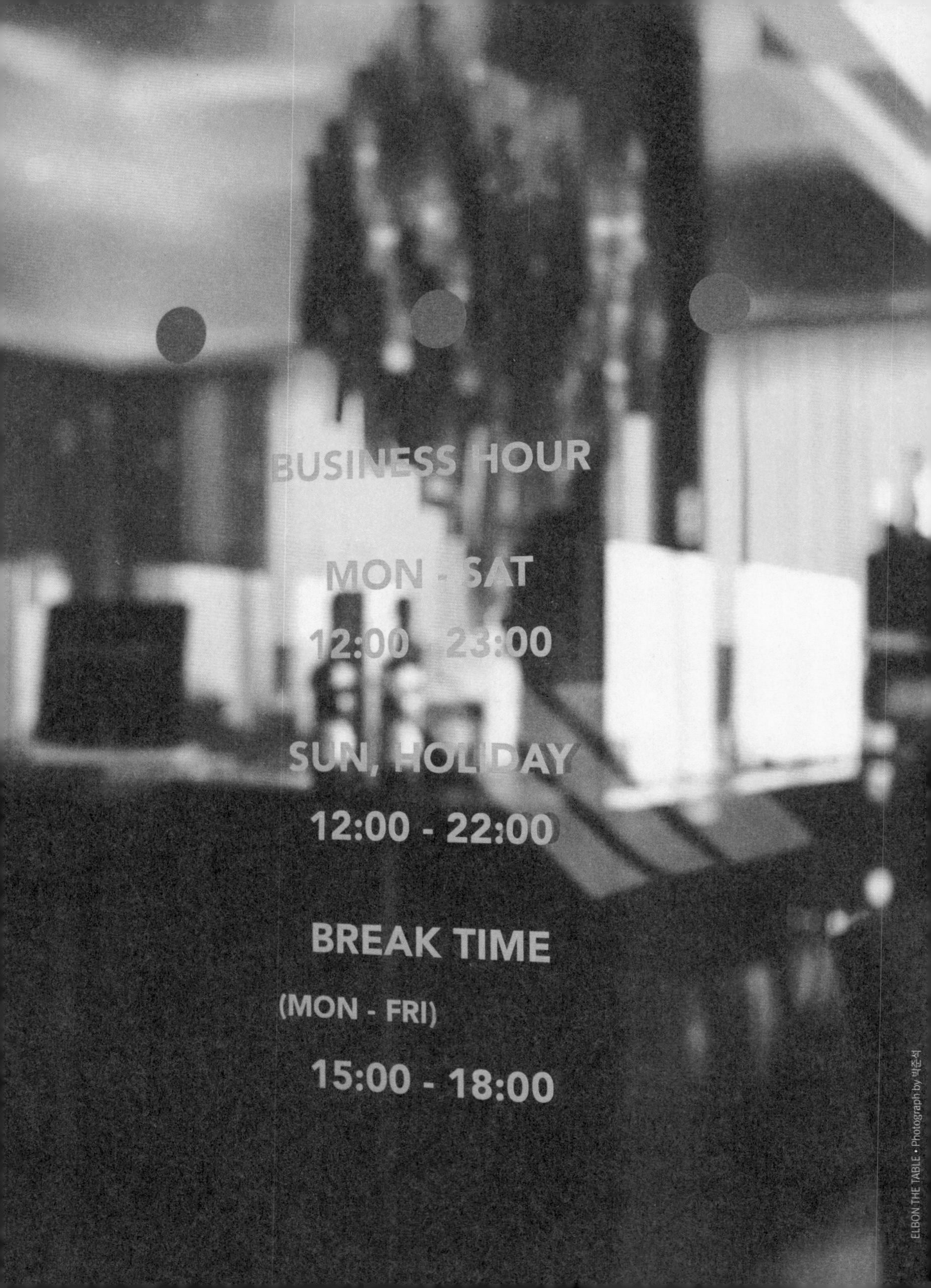

BUSINESS HOUR
MON - SAT
12:00 - 23:00
SUN, HOLIDAY
12:00 - 22:00
BREAK TIME
(MON - FRI)
15:00 - 18:00

ELBON THE TABLE • Photograph by 박준석

LBON

the table

비앙드

비앙드는 프랑스 고어로 '음식물'이라는 뜻이다. 오래 전부터 프랑스에서 고기가 음식 전체를 대표하는 요리였음을 알 수 있다. 왼손으로 포크를 들어 고정한 뒤 오른손의 나이프로 자른다. 먹을 때마다 한입 크기로 썰어 먹는 편이 좋다. 미리 다 잘라 두면 고기가 쉽게 식고 육즙이 빠져 맛이 떨어진다.

Viande

CHOI

HYUN-SEOK

deep talk

신사동 가로수길 끝에 있는 레스토랑에서 최현석 셰프를 만났다. 유난히 길었던 여름만큼이나 그와의 만남에도 인내가 필요했다. 인터뷰 약속을 잡은 지 한 달 만이었다. 레스토랑 3층의 프라이빗 룸으로 검은색 셰프복을 입은 그가 들어왔다. 그날은 말복이었다. 이탈리안 셰프의 복날 점심은 생각보다 단출했다. 아보카도 한 개와 바나나, 우유 한 잔이 전부였단다. 《모노그래프》창간호의 주인공이라 하니 내 명함을 들여다보며 다시 물었다. "160페이지를 채운다고요? 내 얘기로만?" 일단 동정표를 얻고 시작했다. 그는 의자를 바싹 끌어당겼다.

비속어가 섞인 날것의 언어를 구사했지만 확신에 찬 달변이었다. 거의 모든 질문에 뜸을 들이지 않고 답했다. 광대를 올리며 웃을 땐 친근했다가도 쉬이 다가갈 수 없는 오라가 있었다. "거짓말은 안 한다"며 사진 촬영에도 일체의 연출을 거부했다. 허세 셰프로 알려졌지만 허세와 거리가 멀었다. 직원이 아메리카노와 우유를 들고 왔다. 최현석은 알쏭한 표정을 지었다. "이분은 아까 물 달라고 한 것 같은데?" 그는 20분 전 내가 흘려 말한 것을 기억하고 있었다. "그리고 인마, 우유는 빨대로 먹는 게 아냐." 그는 빨대를 빼고 우유 반 컵을 꿀꺽 마셨다. 키가 큰 데는 다 이유가 있었다. 나는 커피를 홀짝이며 가벼운 질문부터 시작했다.

식사는 주로 레스토랑에서 하세요? 네, 집에선 밥 먹을 시간이 없어요. 복날이라고 어머니가 들깨 삼계탕을 끓여다 주셨는데 아직 맛도 못 봤어요.

아버지와 형은 호텔 요리사, 어머니는 한식 요리사. 요리계의 '금수저' 아닌가요? 옛날엔 지금처럼 요리사에 대한 인식이나 대우가 좋지 않았어요. 그렇게 부잣집은… 아니, 사실 어려웠어요. 아버지께서 워낙 바닥부터 요리를 시작하셔서 제가 어렸을 때부터 월세 살다 전세 살다 간신히 급여로 집 한 채 마련하셨던 것 같아요. 그것도 아버지가 했다기보다 형이 돈을 많이 보탰죠.

그래도 맛있는 건 많이 먹고 자랐겠어요. 없이 사는 집이었는데 요리하는 집이라 그런지 먹을 땐 질릴 때까지 먹어라, 그런 문화가 있었어요. 예를 들어 갈빗집에 가면 배가 터질 때까지 먹도록 과식을 조장하는 분위기였어요. 하하. 그래야 후회가 없다면서.

아버지를 보면서 요리사란 직업이 멋있다고 생각했어요? 멋있다 이런 건 잘 몰랐어요. 지금도 저희 애들이 저를 막 '꼰대'라면서 무서워하고 '저거 빨리 퇴근 안 하나' 이럴 때 있을 것 아니에요? 어렸을 때 저도 아버지 일터에 가면 형들이 그러는 걸 본 기억이 있어요. 아버지가 주방에선 약간 까칠하셨던 것 같아요.

집에서도? 집에선 그렇지 않으셨어요. 장난치는 걸 워낙 좋아하셨고, 맨날 친구같이 농담하시고 그랬죠.

지금의 셰프님과 비슷한가요? 네, 제가 아버지 성격을 많이 닮았어요. 재능도 많이 물려받았고.

예전과 달리 요즘엔 억대 연봉을 받는 요리사들도 있다죠? 물론 받는 사람들도 있는데 많지는 않아요.

셰프님은? 전… 비밀이에요.

그가 답을 안 한 건 이 질문이 유일했다. 희미한 웃음은 얼핏 긍정의 의미로 보였다. 그는 신사동, 한남동, 일산에 매장이 있는 이탈리안 레스토랑 '엘본 더 테이블'의 총괄 셰프다. 각 매장마다 주방장이 있지만 최현석이 레스토랑의 전체 운영과 메뉴 기획을 총괄한다. 오너는 따로 있고 그는 연봉 계약이다. 다시 과거 이야기로 돌아갔다.

재수를 하셨는데 무슨 과를 가고 싶었어요? 그런 거 없었어요. 그런 생각을 하는 애들도 있겠지만 대부분 우리 세대는 일단 대학 간판이 있어야 된다는 생각밖에 없어서.

그림을 잘 그렸는데 미대에 갈 생각은? 재미는 있었는데 체계적으로 배울 생각은 없었던 것 같아요. 어릴 때부터 전교에서 그림 잘 그리는 애들 1, 2등 꼽으면 그 안에 꼭 들어 있었어요. 근데 미대 준비하는 애들은 맨날 석고만 그리는 거야. 그게 재미없고 너무 싫었어요. 그런 기본기를 배워 놔야 나중에 제대로 그릴 수 있다는 건 성인이 돼서야 알았죠.

우슈도 하셨다던데. 제가 신체 조건이 정말 좋았어요. 67킬로였는데 키는 180센티가 넘었죠. 학교에서 태권도를 해 보라고 해서 했는데, 그것도 작정하고 체계적으로 하려니까 안 내키더라고요. 그런데 어릴 때 저랑 맨날 대련했던 친구가 있었어요. 그 친구가 우슈를 했는데 나한테 늘 졌었거든요. 고등학교 졸업하고 이 친구 도장에 놀러갔는데 너무 빨라진 거예요. 못 잡겠더라고요.

승부욕 발동? 화가 나 버린 거죠. 그래서 우슈 도장을 다니기로 했어요. 재수하면서 낮에는 공부를 하고 밤에는 무술을 닦아서 문무를 겸비한 사람이 되자. 하하. 근데 너무 재밌는 거예요. 그리고 엄청 잘하고. 좀 지나니까 그 친구는

저한테 상대도 안 되고, 다 제패했죠. 재수해서 대학 가야 하는 놈이 학원은 안 가고 도장에만 처박혀서 6개월 만에 1단을 딴 것 같아요. 원래 12개월 걸리는 건데. 그리고 재수는 망했죠. 아하하하.

군대는 그럼… 특전사? 아뇨, 방위였어요.

그 몸에? 2급 현역 판정을 받았거든요. 제가 72년생인데 그해 태어난 인구가 정말 많았어요. 대학 입시 경쟁률도 아마 역대 최고였을 걸요? 애들이 하도 많아서. 마찬가지로 군대도 국가에서 징집할 수 있는 인원이 한정돼 있잖아요. 다 수용할 순 없으니까. 그래서 1급 현역을 받은 애들은 먼저 징집을 하고, 2급 현역인데 대학생이 아니거나 고졸자 이런 친구들은 방위로 빠지고, 방위 판정을 받은 애들은 다 면제됐어요.

제대 후 최현석은 한남동의 정통 이탈리안 레스토랑 '라쿠치나' 주방에서 요리사 생활을 시작한다. 아버지도 어머니도 형도 요리사였다. 사회에 나와 밥벌이를 고민할 때 그나마 흘러들 틈이 보인 게 요리였다.

주방엔 요리사가 몇 명 정도 있나요? 그 당시에 '라쿠치나'는 열 명인가 열한 명 있었어요. '엘본 더 테이블'엔 열두 명 정도 있고요. 제과까지 다 합치면 열여덟 명.

막내는 한 명? 네, 수직적인 조직이에요. 막내는 하나죠.

형들이 잘해 주던가요? 판체타(이탈리아식 베이컨)를 백합 조개랑 같이 해서 오븐에 굽는 요리가 있는데 이게 10분이 걸려요. 오븐에서 꺼내면 그걸 잘 받쳐서 꺼내야 되는데 까불다가 미끄러져서 바닥에 툭 떨어진 거예요. 이건 대형 사고예요. 그 바쁜 주방에서 10분이 걸리는 요리를 망쳐 놓으면 주문이 싹 다 밀리니까. 근데 바닥에 그게 떨어지자마자 고참 형들이 빗자루로 싹 쓸어 담아서 딱 집어넣고, 주방장님이 판체타 아직 안 됐냐고 소리치니까 형들이 "예, 곧 나옵니다!" 하고 쉴드 쳐 주고 그랬어요. 뜨거운 감동이죠. 전 진짜 실수하고 나라를 팔아먹은 기분이었거든요. 하하. 쫄따구가 그런 사고를 쳤는데 그렇게 감싸준 거. 아, 역시 이게 요리사들의 끈끈한 문화구나 느꼈죠.

주방장님 총애를 한 몸에 받았다고. 네, 질투도 많이 받았고요. 저는 스승님을 '꼰대'라고 부르는데 저를 되게 예뻐했어요. 일을 너무 빨리 배우니까. 연말에 파티 같은 걸 하면 이만한 얼음을 갈아서 석화를 담는 조개 모양으로 깎거든요. 손재주 없는 애들은 배우지도 못해요. 그런 것도 가르쳐 주시면서 저한테 힘을 실어 주시니까 고참 형들보다 더 많은 일을 했어요. 그것 때문에 싸운 적도 있고. 쫄따구 때는 제가 농담 잘하고 사람도 많이 웃기고 그래서 귀여움 많이 받았죠.

제자가 한국에서 가장 유명한 셰프가 됐는데 뭐라세요? 얼마 전에 같이 인터뷰도 하고, 뭐 엄청 뿌듯해하시죠. 사실 저도 그런 생각 하거든요. 제가 가르치는 애들이 저보다 더 잘되길 바라요. 더도 덜도 말고 "야, 너를 가르친 게 나라고만 얘기해 줘." 이렇게 얘기하죠. 스승님이 저한테 가르친 그대로 애들한테 가르쳐요. 일이라는 게 누구한테 배우느냐가 가장 중요해요. 습관과 생각을 거의 따라가더라고요.

드라마에서처럼 뭘 시키면 다들 '예, 셰프! 예, 셰프!' 그래요? 그러진 않아요. 지금 우리 주방은 오더 부르면 "네! 네! 네!" 이렇게 대답해요.

'크레이지 셰프'라는 별명은 누가 붙여 줬나요? 그게 어쩌다 생겼지? 아, 제 아이디가 크레이지 펜네예요. 미친 면발. 이 아이디로 네이버에서 음식 관련 카페에 들어가서

89

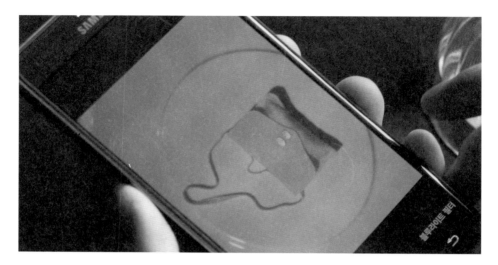

활동도 했고, Crazy라는 단어를 원래 좋아해요. 어렸을 때 제일 많이 들었던 말도 '미친놈'이거든요. 어쩌다가 닉네임이 그렇게 붙었는데 참 멋진 것 같아요. 뭐 한번 하면 사람이 미쳐서 해야지.

'허셰프'는 어때요? 허셰프는 웃기기 위해서 하는 거고. 방송이니까 일단 재밌어야 되잖아요. 제가 평생 방송할 것도 아니고. 어쨌든 셰프로서 꿈이 있기 때문에 허셰프보다는 크레이지 셰프가 당연히 더 애착이 가죠.

레스토랑에 하루 몇 시간 정도 계세요? 요즘 많이 바빠지셨는데. 있으면 늘 12시간이에요.

다른 스케줄이 있으면? 있으면 비울 때도 있고. 방송도 방송인데 제가 학생들도 가르치거든요. 강의 요청이 많이 들어와서 하다 보니까 주방에 있을 시간이 너무 줄었어요. 그래서 지금 방송을 다 줄이고 있어요.

아직도 TV만 틀면 나오는데요. 약간 억울한 게 재방송을 많이 하잖아요. 고정으로 출연하는 건 지금 두 개예요. 〈냉장고를 부탁해〉랑 〈인간의 조건〉. 농사는 논에 뭘 심어 놔서 그거 수확할 때까진 해야 할 것 같고요. 하기 싫다고 관둘 수 있는 것도 아닌 게 시청자와의 약속이니까. 그 외에는 지금 섭외 들어오는 것들은 웬만하면 다 거절하고 있어요. 〈인간의 조건〉은 매주 찍고요, 〈냉장고를…〉은 2주에 한 번 찍어요. 한 달 30일 중에서 방송으로 빼는 시간은 많아야 6일이에요. 나머지 날들은 다 여기 레스토랑에 있죠.

그는 방송을 줄이고 싶다고 했지만 인터뷰 이후 〈수요미식회〉에 합류하면서 고정 출연이 하나 더 늘었다.

지금까지 만든 요리 중에 특별히 기억에 남는 게 있다면? 글쎄… 아, 이거는 되게 좋아했던 요리 중에 하나.

그는 핸드폰을 뒤적여 사진 한 장을 보여 줬다. 접시 위에 분홍색 가방이 놓여 있었다.

가방 미니어처 같은데. 만두예요, 라비올리. 식용 고무로 가장자리 디테일을 살리고 질감까지 표현했죠. 이 가방 디자이너가 레스토랑에 왔거든요. 겉은 밀가루로 만들고 색은 비트로 냈어요. 안에는 바닷가재하고 리코타 치즈가 들어 있는데 이걸 딱 내주니까 디자이너가 일어나서 박수를 막 치더라고요.

'최현석 스타일'의 요리를 한마디로 정의하자면? 미친 요리죠. 하하. 아무도 생각하지 못한? 지금은 재기발랄하고 머리 좋은 셰프들이 워낙 많아요. 그래서 뭐 그렇게까지는 얘기할 수 없는 것 같고. 어쨌든 저만의 스타일이 있어요. 대표적으로 모양은 딱 두부김치인데 먹어 보면 이태리 카프레제 샐러드. 사람들이 다 제 시그니처로 알죠. 이게 이태리 음식인데 김치통에 담아 놓고는 주방 식구들끼리 낄낄거리면서 "우린 진짜 정상이 아닌 것 같아." 그랬어요.

1000개가 넘는 레시피를 만드셨는데, 스스로 천재라고 생각해요? 10년 넘게 스승님한테 배웠잖아요. 그간 머릿속에 재료가 엄청나게 쌓여 있었을 거예요. 초창기에는 제가 천재인 줄 알았어요. 메뉴 짜려고 다다닥 키보드를 치면 메뉴가 하나 나와요. 천재죠. 그때는 세상 모든 걸 요리로 만들 수 있다는 자신이 있었어요. 핸드폰을 요리로 만들어 봐? 먹물 튀를 얇게 만든 다음에 바닥에 깔고… 이런 식으로. 뭐든 자신 있었는데 점점 영감이 떠오르는 인터벌이 길어지는 거예요. 그래서 요리책이며 유튜브며 매체란 매체는 다 뒤졌죠.

그때 분자 요리에 꽂히셨다고요. 네, 분자 요리 촉매 역할을 하는 성분이 아무래도 헷갈려서 논문 같은 걸 막 찾아보고. 어떤 논문에 소아암을 유발한다고 해서 안 썼는데, 나중에 제대로 반박한 논문이 또 나오더라고요. 그 이후로 다시 쓰기 시작한 것도 있고요. 뭐 엄청 열심히 살진 않았어도 사람 몸에 해가 될지도 모르는 건 있는 대로 자료를 찾아서 봐요.

아이큐는 기억나요? 그렇게 높지 않았던 것 같은데… 중학교 때 136이었나?

그 정도면 높은 편인데. 회사에서 주간매출분석 미팅을 하면 누군가 엑셀로 작업을 해 오잖아요? 그럼 제가 숫자 틀린 걸 귀신 같이 다 잡아내요. 필드에 뭐가 있었는지 내가 다 아니까, 이 날 코스트가 높았느냐, 객단가가 어땠느냐 따져 물으면 엄청 긴장들을 하죠. 근데 평상시에 돈 계산을 하면 완전 바보예요. 일엔 집중을 잘하는데 일상은 다른 것 같아요. 주변에서 거의 뭐 '생활 고자'라고. 으흐흐.

대체 어느 정돈데요? 이번에 이탈리아 촬영을 가면서 환전을 하려고 카드를 딱 꺼냈는데 정지가 됐더라고요. 그래서 새로 만든 카드를 또 꺼냈는데 얘도 안 되는 거예요. 그래서 카드사에 전화를 했죠. 새로 발급받은 카드는 쓰기 전에 먼저 등록을 해야 된다고 하더라고요. 전에 쓰던 카드는 날짜가 지났다는데, 카드에 유효 기간이 있는 걸 그날 처음 알았어요.

모 아니면 도다. 그의 말처럼 '요리를 위해 태어난 사람' 같았다. 부모님에게 탁월한 오감을 물려받았다는 그는 여러 방송을 통해 '견공급' 후각을 과시하기도 했다.

'좋은 음식'에서 미각, 시각, 후각은 각각 어느 정도 비중을 차지할까요? 셋 다 굉장히 중요하지만 요리는 감성적인 거예요. 아무리 훌륭한 요리라도 기분이 우울할 때 먹으면 맛이 없죠. 〈냉장고를 부탁해〉의 재료들이 참 열악해요. 어쨌든 저는 거기서 쨍하게 만들어 내거든요. 테크닉 면에서는 훌륭할 수 있어요. 그런데 홍석천 형한테 진단 말이에요. 그분이 저보다 요리 잘하겠어요? 그때 많이 느꼈죠. 아무리 캐비아가 비싸도 모르는 사람이 먹으면 "이렇게 비린 거 왜 먹어?" 하는 거예요. 어쩌면 라면이 훨씬 더 맛있을 수 있어요. 비싼 재료나 테크닉이 전부가 아니란 걸 느꼈어요. 감성을 건드리는 게 가장 중요하죠.

음식이 전부는 아니다? 절대로 음식만 가지고 고객을 100퍼센트 만족시킬 수 없어요. 음식은 한 50퍼센트? 진짜 잘 만들면 70퍼센트? 상대를 위하는 마음이 충분히 있어야 하고, 분위기도 잘 맞춰서 행복을 만끽할 수 있도록 하는 게 중요하죠.

그런 노력이 무색할 정도로 진상이었던 고객은? 어떤 몽골 여자였는데, 자기가 무슨 미슐랭 가이드에서 나왔다나? 코스를 시키고는 모든 요리를 한 젓가락 딱 먹더니 다 밀치는 거예요. 차라리 저한테 대놓고 욕을 하는 게 낫지, 그건 요리사한테 최대 모욕이거든요.

왜 그랬대요? 모르겠어요. 까칠한 것과 미식은 다른 건데. 돈 받기도 싫었어요. 게다가 카드를 긁었는데 결제가 안 되는 거예요. 한도 초과가 나왔어요. 하하. 그냥 나가라고, 안 받겠다고. 또 여자 친구랑 와서 실컷 드시고 스테이크 딱 한 조각 남겨 놓고는 머리카락이 나왔다면서 돈 안 내겠다고 그냥 가신 분.

아직도 그런 분들이 있네요. 사실 진짜 머리카락이 나왔으면 죄송하다고 사과하고 그 음식 값은 빼드릴 수도 있어요. 그런데 이미 무전취식을 작정하고 모든 걸 세팅해 놓은 거예요. 나가는 그림까지 다 시뮬레이션 해 왔더라고요. 지배인이 말려서 참았는데, 가서 확 어떻게 하고 싶었죠. 그냥 돈이 없다고 하지, 거짓말 하는 사람이 제일 싫어.

반면 잊지 못할 손님도 있죠? 다쳐서 뼈가 많이 조각난 분이 있었어요. 병원에 입원해 있어서 거의 손을 쓸 수도 없는데, 제 요리 프로를 보면서 많이 웃고 에너지가 생겼대요. 그래서 그 아픈 손으로 제 얼굴을 그려 주시고… 너무 고맙죠. 그분이 그려 준 그림들이 그렇게 좋더라고요. 원래는 게임 디자이너였대요. 퇴원해서는 레스토랑 찾아가서 요리를 시작했어요.

그의 팬 카페엔 팬들이 그려 준 팬 아트가 천여 개 올라와 있다. 여느 아이돌 못지않은 팬덤이다.

2010년에 팬 카페 회원이 3800명이었다고 들었습니다. 지금은 몇 명인가요? 그 카페는 그때 일했던 레스토랑 '테이스티 블루바드' 이름이었어요. 제 이름으로 생긴 건 몇 달 안됐는데 한… 1200명?

오히려 지금이 더 적네요. 근데 밀도가 달라요. 아주 덕후들만 모여 있어서. 크크. 저를 좋아하는 팬들은 심화 과정을 밟고 계신 분들이 많아요. 다방면에 걸친 마니아 분들이라 장난 아니에요. 그림도 어마어마하게 잘 그리는데, 제가 가끔씩 보면 다운 받아 놓거든요. 그런데 다운 받을 수 있는 용량이 넘어가요. 이게 다 제 그림이에요.

실물과 거리가 좀 있는데요? 마치 순정만화 주인공처럼… 하하. 굉장히 미화됐죠. 그분들 눈엔 제가 이렇게 보이나 봐요. 인형을 막 만들고. 대단하지 않아요? 예전에는 그냥 좋아하는 셰프 정도였는데, 이분들은 저를 탈탈 털어요. 보면서 놀라죠. 와, 정말 세다!

가입은 안 하셨어요? 제 카페에 제가 어떻게 가입해요. 창피하죠. 막 오그라들고.

연예인들은 가끔 팬 카페에 글도 남기고 하잖아요. 자기 팬 카페에 자기가 들어가는 거예요?

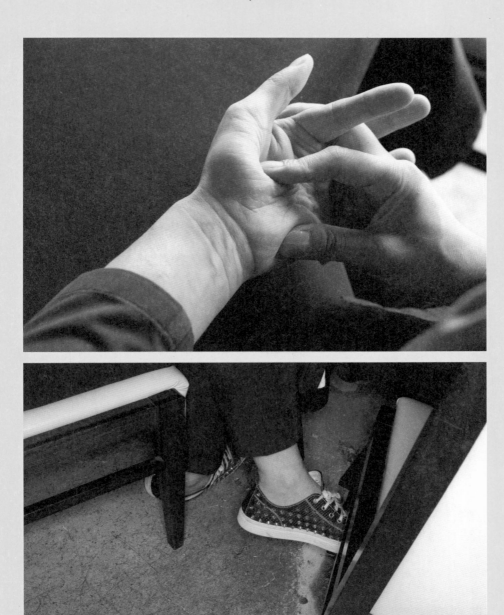

대개 그렇죠. 몰랐네요. 근데 전 가입은 안 했어도 시솝이 랑 되게 친해요. 전할 말 좀 보내 달라고 하면 한마디씩 보 내 준 적은 있지만 그 카페를 들어가서 직접 글을 읽고 그 런 건 못하겠어요.

최현석은 지난 6월 본의 아니게 포털 사이트 검색어 1위 에 오르내렸다. 동료 셰프 강레오의 저격성 인터뷰가 논란 이 됐다. 강레오는 "음식을 정말 잘해서 방송에 나오는 게 아니라 재미만을 위해서 출연하게 되면 요리사는 다 저렇 게 소금만 뿌리면 웃겨 주는 사람이 될 것"이라고 했다. 또 "한국에서 서양 음식을 공부하면 런던에서 한식을 배우는 거랑 똑같다. 본인들이 클 수 없다는 걸 알고 자꾸 옆으로 튀는 거다. 분자 요리에 도전하기도 하고"라는 발언은 순 수 국내파로서 분자 요리로 이름을 알린 최현석을 떠올리 게 했다.

당시 겉으론 쿨하게 넘어갔는데, 솔직히 어땠어요? 셰프 끼리 무슨 방송을 갖고 싸워요. 그쪽 소속사 대표한테 미 안하다고 연락이 왔어요. 술 한잔하면서 풀고 싶다고. 전 다 필요 없고 그냥 조용히 지나갔으면 좋겠다고 했죠. 정 그렇게 나하고 승부를 보고 싶으면 서로 레스토랑 일 열심 히 해서 손님들 입맛으로 승부하자고. 요리사가 요리를 해 야지 무슨.

검색어 1위를 자주 하시는데, 최현석 연관 검색어에 통일 교가 있습니다. '테이스티 블루바드' 그만두고 여기로 옮 기고 나서 최현석이 통일교 자본에 팔려 갔다느니, 요리에 미원을 쓴다는 둥 갖은 루머가 돌았어요.

그럼 통일교와는 무관한 건가요? 당연하죠. 난 크리스천 이에요. 지금 연관 검색어에 계속 특정 단어들이 올라오는 데, 누군가 작업을 하는 거예요. 정체도 다 알고 있지만 가 만있는 거죠.

그는 오프 더 레코드로 믿기 힘든 정체를 밝혔다. 간단히 정리하자면 남자의 질투가 더 무섭다. 사진 촬영을 위해 우리는 2층 창가 테이블로 자리를 옮겼다.

유니폼은 왜 검은색인가요? 그전에도 유니폼을 디자인하 긴 했어요. 〈정무문〉에 이소룡이 입고 나온 옷을 셰프복으 로 만들어 본 적도 있고. 이게 지금 다섯 번째 디자인이에 요. 계속 패턴을 바꾸는 것도 한계가 있어서 검은색 한번 해 보면 어떨까, 생각한 거죠. 그땐 검은색 유니폼을 입은 셰프가 없었어요. 주방 유니폼도 같아요. 색깔만 다르고.

주방에선 셰프님만 블랙? 저만 블랙입니다. 내가 대장이 니까. 하하.

매장 세 곳을 돌아가며 일하시는 건가요? 사무실이 여기 (신사점) 있으니까 보통 여기서 일을 하고요, 다른 매장에 는 행사가 있으면 가죠. 주로 있는 공간은 여기예요.

직접 요리도 하세요? 전 총괄 셰프니까 오케스트라 지휘 자와 비슷하죠. 마지막 완성된 접시가 제대로 나오도록 지 휘하는 거예요. 디테일이 중요하거든요. 중요한 손님이 오 거나 하면 직접 팬을 잡을 때도 있죠. 바쁠 땐 트레이도 나 르고 다 해요.

재벌이나 유명 인사들 집에 출장 요리도 나가세요? 지금 은 그러지 않고요, 예전에 '라쿠치나'에 있을 땐 쟁쟁하신 분들 집에 다 들어갔었죠.

예를 들면? 구본무 회장님 댁, 이건희 회장님 댁… 그분들 가족 모임이나 지인 모임 때.

실제로 보니 어때요? 드라마 속 재벌가처럼 살벌하다거 나… 행사 때 가니까 분위기는 좋았어요. 그냥 다른 세상

사람들이구나, 그런 생각은 했어요. 우린 여기서 요리하는데… 쓰읍. 그땐 제가 또 말단이었으니까요. 집에 들어가는데 전 무슨 공사장인 줄 알았어요. 공사장 담 같은 게 있는데, 그 앞에서 전화를 해서 문이 딱 열리면 집이 저 멀리, 저 뒤에 있어요. 정원이 이렇게 있고. 뒤뜰에 들어갔는데 잉어 한 마리에 2천만 원짜리가 헤엄쳐 다니고. 으하하. 다보탑 같은 것도 있고요.

지금 셰프가 되고 나서 그런 분들 많이 보시잖아요. 말단이었을 때랑 다른가요? 지금은 뭐 다 같은 사람이죠. 누가 더 위고 그런 게 어디 있어요. 살면서 점점 더 느끼는 건 자기가 대단하다고 사람 무시하는 것. 그게 제일 병신 같은 거예요. 다 똑같거든. 그 사람들은 하루에 몇천 끼씩 먹는 거 아니잖아요? 삼시 세끼 먹는 거 똑같은데. 사람은 누구나 존중받아야 할 가치가 있고, 절대 무시하지 말아야 된다는 생각은 늘 갖고 있어요.

인터뷰가 끝날 무렵 레스토랑은 분주했다. 테이블마다 초가 켜지고 저녁 고객을 맞을 준비를 했다. 예약 리스트를 확인하던 최현석은 어딘가에서 불쾌한 냄새가 올라온다며 소리쳤다. 인터뷰 모드가 해제되고 전투 모드로 바뀐 듯했다. 그가 더 예민해지기 전에 다음 인터뷰 약속을 잡고 헤어졌다. 두 번째는 그의 집에서 만났다. 사적인 공간이라며 공개를 꺼렸지만 160페이지 핑계를 대며 촬영 허락을 구했다. 그는 남양주 아파트에 살고 있었다. 그의 사무실이 있는 강남 신사동에서 꽤 멀었다. 약속 시간보다 늦게 도착한 그 대신 아내가 문을 열었다. 하늘하늘한 롱 원피스를 입고 "드릴 게 없어서…"라며 오미자차를 내왔다. 차를 반쯤 비울 무렵 최현석이 나타났다.

라디오 스케줄 갔다 오셨어요? 네, 고정 출연 하는 게 있어서 그거 갔다가 매장에서 미팅하고 왔어요. 이 인터뷰 끝나고는 저녁에 VIP 예약이 있어서 또 일하러 가야 돼요.

많이 피곤한 기색이었다. 맨손 세수하듯 얼굴을 문지르고 머리를 쓸어 넘겼다.

체력적으로나 정신적으로 지치진 않으세요? 좀 그래요.

좋아하는 운동도 할 시간이 없겠어요. 네, 부족하더라고요. 체력으로 달려 본 적은 없는데, 아 진짜 피곤하고. 그러다 최근에 골병이 한 번 들었죠. 일주일 넘게 엄청 고열에 시달렸는데 다행히 메르스는 아니었어요. 흐흐.

이 집은 직접 장만한 집인가요? 네, 제가.

처음으로? 아니요. 첫 집은 융자를 끌어서 남양주시 청학리라는 곳에 살았어요. 와이프가 착한 게 부모님, 형하고 다 같이 시댁에서 오래 살았어요. 금호동에 낡은 집이었는데. 그때 참 속상했던 게 비가 오면 불을 못 켰어요. 천장이 다 젖어서.

합선이 될까봐? 그렇죠. 또 한 방에서 같이 살다 보니 전 늦게 나가니까 아침에 자고 있거든요. 그럼 딸내미들이 이 불도 못 개고 저쪽에서 밥 먹고 그러는 게 마음이 너무 아프더라고요. 그래서 애들 방을 따로 해 주고 싶었어요.

얼마 만에 분가를? 10년을 같이 살고 분가를 하면서 부모님께서 5천만 원인가를 주셨어요. 분가할 때 조건이 딱 그거였어요. 애들 방, 우리 부부 방, 그리고 주차할 데가 있으면 좋겠다. 왜냐면 전에 살던 동네가 산동네라서 주차하려면 저 멀리 공영 주차장에다 주차하고 20분을 걸어야 했거든요. 그래서 집 앞에 바로 차를 대는 게 소원이었어요. 부모님께 받은 돈에 제 돈 조금 보태서 집을 알아보니 그 돈으로 서울에서는 반지하 뭐 이런 데밖에 없어요. 그때 처남이 이 동네에 살았거든요. 집이 하나 났다고 해서 갔는데 방 3개에 24평짜리 임대 아파트였어요. 가진 돈으

로는 못 사고 별수 없이 융자를 받았죠.

요리하신 지 몇 년 만이었죠? 13~14년 만에 그랬던 것 같아요. 서울에서 좀 떨어져 있지만 내가 직접 산 집이라 너무 소중하고 고맙죠. 집을 꾸미려고 마트에 가서 이거 저거 사러 다니는 데 진짜 기쁘고 행복한 거예요. 애들 방 딱해 주고, 내 서재도 만들고. 그리고 조금씩 열심히 벌어서 38평짜리로 옮겨 왔고요. 그것도 융자 얻어 가지고. 흐흐. 그게 좀 올랐더라고요. 그걸 팔고 또 열심히 살아서 이 아파트를 장만했죠. 58평짜리.

기분이 좋은 듯 그의 발이 까딱까딱 움직였다. 집에 온 김에 어린 시절 사진을 볼 수 있는지 물었다. 아내가 앨범을 가져오자 멋쩍은 듯 웃으며 사진을 보여 줬다. 지금과는 많이 다른 어린 시절 모습이 부끄러운지 광대가 씰룩씰룩했다. 친구들과 함께 찍은 사진에서 손이 멈췄다.

제일 친한 친구들인가요? 진짜 친한 놈이에요. 재작년인가? 제가 우울증에 걸려서 3~4개월 동안 잠도 못 자고 힘든 적이 있었는데….

어쩌다 우울증까지. 이 친구 장례식 갔다 와서 고쳤어요. 약도 먹고 그랬거든요. 우울증이나 잠 못 자는 사람들이 먹는 신경안정제 같은 거. 자낙스였나? 처음에 그 약을 먹고 몇 발짝을 못 걷고 픽 쓰러졌어요. 진짜 세더라고요. 그런데 그걸 먹고 자면 머리가 너무 아파요.

뭐가 그렇게 힘드셨어요? 재작년이면 레스토랑도 한참 잘될 땐데. 네, 그때도 잘됐는데, 심적으로 부담이 많이 됐어요. 내 앞가림도 제대로 못하는데 이메일로 SNS로 '제 인생 너무 힘들어요, 도와주세요.' 이런 편지가 오고… 학교 강의를 시작할 즈음이었는데 내가 이걸 할 수 있을까. 왜 나한테만 그래. 이런 생각이 들었죠. 그러다 저 친구가 갑자기 비행기 사고로 죽었다는 거예요. 장례식에 갔는데 제일 친한 친구가 보더니 "야, 너 얼굴이 왜 이렇게 썩었어? 이 새끼야, 잘 나가고 돈 버는 것도 좋지만 정신 차려." 이런 얘기를 하더라고요. 그길로 집에 와서 약을 싹 다 버렸어요.

약은 갑자기 끊는 것도 위험한데요. 네, 함부로 끊으면 안 돼요. 그러면 잠을 전혀 못 자니까. 의사가 반드시 상의를

하라고 했는데 그냥 딱 끊었어요. 그랬더니 그 다음에 두 시간 누웠다가 한 시간 자고, 뭐 그러다가 어느샌가 고쳐지더라고요. 그땐 나름 심각했는데 이 친구 덕분에 약 없이도 고쳤다고 생각하죠.

요리 학교에서 강의하는 건 익숙해졌나요? 지금은 좀 편해졌죠. 근데 저는 교수들하고 생각이 좀 달라요. 이전 학교에서 제가 학부장이었고 학과장이 따로 계셨는데, 그분은 무조건 자격증 세 개 따야 하고 뭐 그런 스타일이에요. 자격증에서 나오는 요리들은 파는 데도 별로 없는데. 학교에 첫날 딱 갔는데 요리 학교 학생들이니까 어느 정도는 할 줄 알았어요. 그런데 칼질도 하나 못 하는 거에요.

원래 칼질부터 배우는 거 아닌가요? 치킨 스튜를 만든다고 닭을 해체해서 요리를 하는데 이건 뭐 말도 안 되는 거예요. 다 쓰레기통에 넣고, 재료실 가서 당근이랑 가져오라고 해서 칼질부터 시켰죠. 그리고 애들한테 얘기했어요. 모든 교육자들이 똑같은 생각으로 가르치는 건 아니니까 오해하지 말고 들으라고. 내 수업에서 들은 건 내 수업에만 해당된다면서 자격증이고 나발이고 다 필요 없다고. 흐흐. 습관 제대로 들여서 요리하는 법을 배워야 빨리빨리 크는 거라고. 그리고 중간고사를 칼질로 봤어요. 그 다음 시간에는 칼 가는 것 가르치고. 그나마 고무적인 건 그 이후에 커리큘럼이 좀 바뀌었더라고요. 제가 하는 방식으로.

나중에 요리 학교를 만들고 싶진 않으세요? 의사들도 수술하는 사람이 있고 연구만 하는 사람도 있잖아요. 그런 것처럼 저는 필드에 있는 셰프들로 교수진을 꾸리고 싶어요. 그래야 제대로 된 가치관을 생생하게 심어 줄 수 있으니까. 그래서 진짜 요리 잘하는 애들을 모으고 있어요. 나중에 외식 사업도 같이 하고, 애들도 가르칠 수 있는.

구체적인 계획이 잡힌 건가요? 예전부터 꿈이 뭐냐고 물

으면 전 세계 미식 도시에 내 레스토랑을 열겠다. 뉴욕, 상해, 파리, 홍콩… 그리고 요리 학교를 만들고 싶다고 했었어요. 이제 스스로 뭔가를 할 수 있는 기반을 마련하고 있으니 구체적으로 그리는 거죠.

집에 오는 길에 본 대형 마트 외벽엔 그가 한우 세트를 들고 웃는 사진이 큼지막하게 붙어 있었다. 가족들의 반응은 어떨지 궁금했다.

아빠가 스타가 됐는데 딸들은 좋아하나요? 큰딸은 제가 유명해진 걸 자랑스러워하고 즐겨요. 작은딸은 저한테 별 관심이 없어요. 같이 사진 찍는 것도 별로 안 좋아하고.

막내가 한창 사춘기죠? 네, 홈플러스에 친구들이랑 갔는데 죄다 아빠 사진으로 도배가 돼 있으니까 좀 창피했다고 그러더라고요.

마트에 추석 선물로 '최현석 세트'가 나왔어요. 아 그래요? 너무 우려먹는다. 으하하. 솔직히 그 광고 찍을 때만 해도 저렴한 가격에 찍었고, 그렇게까지 도배를 할 줄 몰랐어요. 얼마 전에 케이윌 씨랑 라디오를 했는데 또 놀리더라고요. "싸다!" 막 이러면서.

홈플러스엔 자주 가세요? 이제 다른 마트를 못 가요. 다른데 갔다가 사진 찍혀서 SNS에 올라오고 그러면 소송당하죠. 아하하. 생일인가에 고기를 사려고 가긴 갔는데 쑥스

러워 미치겠더라고요. 근데 알아보시고 덤으로 좀 더 얹어 주시고 그랬어요.

앞으로 고기는 다 거기서? 네, 왜냐하면 그 맛에 싸니까!

일 때문에 외국도 자주 나가시죠? 많이 다녔는데 파리가 제일 좋았던 것 같아요. 처음에 외국 간 게 파리였는데 '어 쩌면 이렇게 풍경이 다 엽서 같을까. 조상들이 남긴 걸로 후손들이 풍성하게 먹고사는구나.' 싶었어요. 요리도 좋 고. 그러다가 에펠탑을 봤는데 와이프에게 너무 보여 주고 싶은 거예요. 몇 번을 갔지만 갈 때마다 매번 느껴요. 다음 에 와이프 데리고 꼭 다시 와야지. 일 말고 쉬는 걸로.

가족들이랑은 한 번도 같이 못 가셨어요? 해외는 간 적이 없어요. 몇 년 전에 제주도는 한 번 갔는데 비행기를 탄 큰 딸이 어쩔 줄 몰라 하는 거예요. 좋아서 입꼬리가 막 올라 가고. 그때 비행기를 처음 탔어요. 너무 미안하더라고요. 나는 해외 출장 얼마나 자주 가요. 가족들한텐 이걸 못해 줘서… 그래서 어느 날 쪽지를 한 장씩 나눠 주고 하고 싶 은 것, 갖고 싶은 것을 각각 쓰라고 했어요. 소원 수리죠. 받아 보니 공통으로 나온 게 가족 여행이었어요. 그래서 마음먹고 올 3월인가? 상해-홍콩 여행 계획을 짜서 비행 기 표를 딱 끊어 놨어요. 그런데 텔레비전 프로그램이 생 기면서 계약이 엉켜서 어쩔 수 없이 취소했죠.

애처가인가요? 스스로 생각하시기에. 나 같은 놈을 애처 가라고 하면 안 되죠. 가정적이지 못해요. 사실 너무 바쁘 고 워커홀릭이고 되게 무심하고. 아이들 위하는 마음은 분 명히 있는데 집에 오면 딴생각하거나 인터넷이나 하고. 집 중을 잘 못해요. 일 욕심 때문에.

딸 생일에 케이크를 만들어 주고 싶다고 하셨는데. 하… 그게 말로만 그랬죠. 이번에 이탈리아에서 한참 촬영을 하

다가 미슐랭 투 스타 레스토랑에 갔는데, 거기 방문한 셰 프들이 사인하는 기둥이 있어요. 사인을 하고 날짜를 쓰는 데 7월 15일. 아, 딸 생일이구나. 너무 울적한 거예요. 마 음이 아파 전화를 했는데 그냥 괜찮다고 하더라고요. 아… 좋은 아빠는 아니구나.

그의 표정이 무거워졌다. 가족들에게 마음만큼 표현을 못 하는 게 못내 아쉬운 듯했다. 분위기가 더 가라앉기 전에 말을 돌렸다.

요즘 초등학생 장래 희망 1위가 셰프라고 합니다. 그래 요? 요리사 위상이 높아졌다는 건 고마운 일이죠. 그래서 방송 시작한 것도 있거든요. 하지만 아직도 요리사들 처우 가 좋지는 않아요.

어느 정돈데요? 엄청 박봉이에요. 우리 애들은 대학을 나 와도 초년생 월급이 보통 120~130만 원이에요. 다른 직 종 대졸자들은 신입 연봉이 3천만 원은 되잖아요. 해외에 선 레스토랑 한 끼에 30~40만 원씩 먹는데 한국에선 10 만 원만 넘어도 사치로 여겨요. 그런 가치를 인정받고 애 들 연봉도 평균적으로 높아졌으면 좋겠는데, 요즘 말로 열 정 페이 받고 일하니까. 너무 혹독한 것 같아요.

양식 요리사를 안 하셨더라도 한 끼에 10만 원이 넘는 미 식을 즐겼을까요? 지금도 전 비싼 요리는 솔직히 안 맞아 요. 물론 벤치마킹을 위해서나 와이프랑 기분 내고 싶을 때는 기꺼이 쓰긴 하는데, 저도 같은 비용으로 맛있는 걸 선택하라고 하면 갈빗집을 가거나 치킨, 라면을 먹겠죠.

그럼 셰프님 레스토랑도 비용 대비 효율이 낮다는 얘기? 그건 음식만 사는 게 아니에요. 고객을 맞이하기 위해 레 스토랑의 모든 직원이 준비하는 그 시간을 사는 거죠. '재 료값도 얼마 안 하는데 뭐 이렇게 비싸.' 이런 생각을 할 게

아니에요. 레스토랑에 와서 모든 직원들이 왕처럼 떠받들어 주고, 그런 분위기 속에서 앞에 앉은 사람과 행복을 만끽하라는 거죠. 그게 얼만데요. 제대로 즐기려면 준비를 하고 와야 돼요. 반바지에 슬리퍼 찍찍 끌고 오면 그 기분이 나겠어요? 라이브로 기타, 드럼 반주하고 있는데 이어폰 꽂고 다른 음악 듣는 것과 똑같은 거예요.

한번쯤 즐겨볼 만한 가치는 있다? 그럼요. 그리고 제 음식은 정말 맛있거든요. 하하.

자고 나면 쿡방이 하나씩 생기는데 어떻게 보세요? 아쉬운 점이 두 가지가 있어요. 우선 죄다 요리 프로만 만들다 보니 함량 미달인 요리사들까지 무분별하게 끌어들이는 거죠. 또 하나는 어느 업계든 마찬가지겠지만 관심을 받다 보면 스타병이 생기게 마련이에요. 본인이 연예인이라고 생각하고. 그런 게 좀 아쉽죠.

연예인만큼 인기 있는 요리사와 연예인이 뭐가 다른가요? 사람들이 일반인인 우리한테 왜 잘생겼다, 멋있다 하겠어요? 요리사라서 그래요. 요리를 딱 빼고 진짜 엔터테이너들과 비교하면 언변이 그렇게 뛰어난 사람도 없고요, 외모가 잘생긴 사람도 없어요. 죄다 체지방 많고, 머리 크고, 정장 입어서 보면 어우… 어디 미팅에나 데리고 나갈 비주얼들이에요? 하하. 요리사라는 직업을 갖고 방송에 나오니까 좋게 봐주는 건데 착각하기 시작하면 끝이에요. 물론 남들도 저를 그렇게 보겠죠.

아니, 어떻게 아셨죠… 으하하. 저는 얼굴은 평범한데 키 크고 그러니까 상대적으로 얼굴이 작아 보이는 거고. 운동을 해서 뼈가 바르니까 옷매가 사는 거고. 실제로 모델 옆에 서니까 완전 오징어던데요? 헤헤.

〈한식대첩〉 같이 나오는 백종원 씨하고는 사이가 어때요? 그 분은 정말 대단한 분이에요. 타고난 사업가죠. 스스로 셰프가 아니라고 얘기하잖아요. 초창기에 셰프복 입고 다녔을 땐 악플이 많았어요. 그러다 본인이 스스로 장사꾼이라고, 밥장사한다고 내려놓으신 거예요. 셰프인 척 멋있는 척 안 하시잖아요. 그만큼 요리를 편하고 쉽게 풀어내시고. 대단하죠.

안 친하다는 루머도 있었는데. 사실 예전에는 거리감이 있었어요. MSG의 화신이고 해서. 하하. 근데 지금은 친해요. 친해지고 나서 쿠폰을 이만큼 주시는 거예요. 그걸로 그분 식당에 가서 돼지국밥을 먹었거든요. 6천 원인데 고기가 정말 엄청나게 들어 있는 거예요. 먹으면서 감탄했어요. 저하고는 극과 극이에요. 그분은 있는 집 자제에 많이 배운 분인데 서민 요리를 하고 있고, 저는 배고픈 집안에다 못 배웠는데 엄청 비싼 요리를 하고 있고. 참 아이러니하죠. 근데 그 돼지국밥을 먹어 보니까 내가 주머니가 가벼운 학생이라면 이 식당은 정말 훌륭한 식당인 거죠. 6천 원에 고기 이만큼을 어떻게 먹어요? 짬뽕도 4500원인데. 아, 이분이 가는 길이 일리가 있다는 생각을 했죠.

거실에서 그의 방으로 이동했다. 방문에 CHEF라고 알파벳을 붙인 그의 방엔 듣던 대로 장난감이 가득했다. 옷장에도 옷은 없고 칸칸마다 피규어 레러템이 있었다. 장난감 외엔 물욕이 별로 없단다. 그래도 직업이 요리사인데 '연장 욕심'은 없을까.

로봇을 저렇게 모으시는데 칼이나 조리 도구 같은 건 수집욕이 없나요? 어떤 셰프들은 비싼 칼 쓰고 칼 가방도 좋은 걸 들고 다니는데, 전 일부러 허름한 헝겊 같은 데다 뚤뚤 말아서 묶어 가지고 다녀요. '바람의 파이터'처럼. 하하. 진짜 고수가 누더기 같은 데서 척 꺼내는 식의 그런 느낌이 좋더라고요. 칼도 그래서 엄청 좋은 건 아니고 선물 받은 게 있으면 잘 쓰죠.

술 담배는 일절 안 하신다죠? 그냥 싫어요. 담배는 너무 싫었고, 술은 예전엔 먹었었는데 마시면 토하고 이러니까.

체질적으로 안 받아요? 소주 한 병 반을 먹고 진짜 고생한 적이 있어요. 열아홉 번 오바이트하고, 물만 먹어도 소주 맛이 났어요. 냄새도 못 맡고. 그런 상태에선 요리를 할 수 없죠. 주방에 술 먹고 출근하는 직원들, 아침에 입에서 술 냄새나면 처음에는 그냥 욕했다가, 두 번째는 더 심한 욕하고, 세 번째는 잘라요. 담배는 절대 못 피우게 하고. 기호고 나발이고 내 주방에서 담배 냄새나는 거 싫으니까. 담배는 후각을 무디게 해서 요리사는 하면 안 돼요.

그럼 회식은 어떻게? 물론 회식할 때는 술을 먹는데, 주방에 들어올 때까지 술 냄새가 날 정도로 과음하면 안 된다는 거예요. 조절해야죠. 담배는 쉬는 날 나가서 펴야지, 셰프복 입고 담배 피우면 죽음이지.

언젠가 꼭 한 번 내 요리를 대접하고 싶은 사람이 있다면? 제가 진짜 좋아하는 사람이 있어요. 박찬호.

아, 야구를 워낙 좋아하시니까. 예전에 박찬호 선수가 LA 다저스에서 한창 잘 나가실 때였어요. 박찬호 장학재단을 만들었는데 그때 제가 일하던 레스토랑에서 행사를 했어요. 돈이 없어서 야구를 못하는 아이들을 후원하는 행사였는데, 다들 난리가 났죠. "야, 박찬호 예약 들어왔어!" 제가 진짜 좋아하거든요. 대통령이고 뭐고 박찬호가 세계에서 최고야. 으하하. 보자마자 너무 좋아서 사인을 받으러 갔는데 탁 거절을 하는 거예요. 나중에 행사가 다 끝나고 나서는 사인을 해 줬어요. 어쨌든 좋아서 룰루랄라 하면서 팬 카페를 찾아봤는데 있더라고요. 그래서 '오늘 요리를 한 사람인데 만나 뵙게 되어 참 영광이었습니다.' 글을 올렸더니 박찬호 선수가 댓글을 달았어요. 아, 근데 이런 느낌이구나. 내가 팬 카페에 댓글을 달면 좋아하는 게. 흐흐.

암튼 댓글로 '정말 맛있는 음식을 만들어 주셔서 고맙다. 하나 죄송했던 건 그때 바로 사인을 못해준 건 내가 아니라 아이들이 주인공인 자리였기 때문에 조금 불편해서 그랬다. 미안하다.' 뭐 이런 얘기를 쓰셨어요. 이 사람은 어쩜 인성도 이렇게 멋있을까. 완전 감동을 받았죠.

그때 요리해 주신 거 아닌가요? 그건 제 요리가 아니고 스승님 요리, 파티 요리였어요. 진짜 제 레스토랑에 온다면 "그때 당신 정말 멋졌다"고 하면서 인생 최고의 요리를 대접해야죠.

첫 요리책에서 요리사 후배들에게 '노동자로 시작해서 기술자로 익어가다가 예술직으로 전환하라'고 하셨는데, 셰프님은 지금 어느 단계에 있나요? 기술자는 넘어섰겠죠. 하하. 노동자 땐 무조건 몸으로만 때워야 해요. 기본기 다지는 습관을 들여야죠. 그런데 평생 남 밑에서 그러는 게 아니라 어느 정도 되면 코스트도 잡을 줄 알아야 하고 주방 돌아가는 전체적인 걸 익혀야 돼요. 맛도 일정하게 낼 수 있어야 하고. 그 맛을 내기 위해 식재료 주문도 하는 게 기술자 단계예요. 그 이상 올라가면 자기만의 요리를 개발하고 레스토랑 분위기를 스스로 다 만들 수 있는 사람이 되죠. 셰프들은 다 예술의 경지에 올라간 사람들이죠.

몇 살까지 셰프로 살고 싶으세요? 정말 좋은 건 요리사는 정년이 없다는 거예요. 나중에 머리가 하얗게 된 상태에서 흰머리로 요리하는 걸 생각했을 때 얼마나 멋지겠어요. 그 때는 검은 요리복 말고 흰 요리복을 입어야지.

오늘이 생의 마지막 날이라면 누구와 어디서 뭘 드시겠어요? 마지막 날이라면… 우리 가족들하고 냉장고를 열어서 요리를 해 줘야겠네요. 가족들과 다 같이 만들어 먹으면서 함께 시간을 보내야죠. 제일 미안하고, 못 했던 거고, 죄스러운 거고, 숙제 같은 거니까.

snapshots

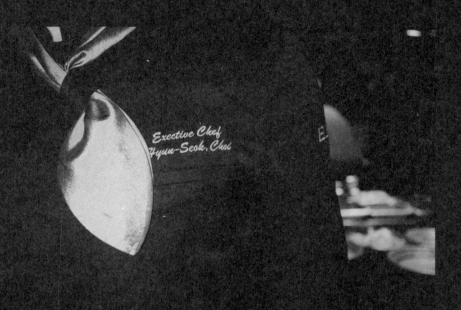

최현석에게 36방짜리 필름을 넣은 카메라를 건넸다. 노출이고 뭐고 신경 쓸 필요 없는 자동 카메라였다. 한동안 휴대하며 일상을 담아 달라고 당부했다. 일주일 뒤 카메라를 돌려받았다. 현상소에 필름을 맡기고 사진이 나오는 한 시간이 무척 길었다. 그가 직접 찍은 사진을 공개한다. 카메라 기종은 야시카 T4, 필름은 아그파 비스타 200을 사용했다.

Choi Hyun-seok

FRIDGE
&
FARM

냉장고

먹다 남긴 햄, 유통 기한을 하루 이틀 앞둔 치즈, 몇 달 전부터 처박혀 있던 팥 아이스크림… 〈냉장고를 부탁해〉의 최현석은 이런 별 볼 일 없는 재료들로 15분 만에 '작품'을 만들어 낸다. 줄곧 남의 냉장고만 여는 그의 냉장고엔 뭐가 있을까. 그는 집에선 요리를 하지 않는다며 배달 음식과 냉동식품에 대한 애정을 드러냈다. 또 집의 주방은 아내의 영역이라 했다. 안 된다는 그를 설득해 냉장고 문을 열었다.

인스턴트가 잔뜩 있을 줄 알았는데 반전이었다. 막상 들여다보니 몸에 좋은 발효 음식이 가득했다. 평소 건강식을 즐겨 한다는 아내의 요리 스타일을 느낄 수 있었다. 참외와 레몬, 애호박과 양파가 맨 아래 야채칸을 채웠다. 음료칸에는 역시 그가 좋아하는 우유가 있었다. 운동할 때도, 평상시에도 가장 즐겨 마시는 음료다.

가장 눈에 띈 건 큰 유리병에 담긴 자몽청이었다. 자몽을 잘라 설탕을 넣고 냉장고에서 1~2주 숙성시키면 자몽 에이드를 만들어 먹을 수 있다. 아래 칸에는 석류청과 흑초가 보였다. 탄산음료는 전혀 없었다. 군것질거리라곤 '오예스' 3개가 전부였다. 배추김치와 오이소박이가 큼지막한 통에 담겨 있었고, 당근과 함께 담근 피클과 명이 나물도 보였다. 찹쌀과 들깨가루, 간장, 된장, 고추장, 조청 등도 한 자리씩 차지하고 있었다.

이탈리안 셰프의 냉장고답게 양식 재료도 많았다. 큰 비닐에 담긴 모차렐라 치즈, 토마토소스와 케첩, 파인애플 드레싱, 머스터드소스, 파르메산 치즈, 햄, 초콜릿 시럽… 〈냉장고를 부탁해〉였다면 꽤 화려한 요리가 가능할 것 같았다.

121

냉동실에는 누군가에게 선물로 받았다는 염소 머리가 들어 있었다. 요놈 때문에 아내는 요즘 냉동실 문을 못 연다. 냉동실에 없어선 안 될 음식은 냉동 만두다. 속이 꽉 찬 '비비고 왕교자'와 쫄깃한 만두피가 일품인 '백설 군만두'는 그가 사랑하는 즉석식품이다. 운동할 때 닭고기 대신 즐겨 먹는 소고기도 있었다. 붉은 살코기가 근육을 만드는 데 훨씬 좋다고 그는 부연했다.

냉장고엔 없지만 배달 음식으로 치킨을 즐겨 먹는다. 간장맛과 달콤함이 조화를 이룬 '교촌 허니 콤보'는 1~2주에 한 번씩 먹지 않으면 예민해질 정도다. 라면도 없으면 못 산다. 가장 좋아하는 건 '진라면 순한맛'이다.

텃밭

"영등포 한가운데를 초록으로 물들여 항공 사진을 바꿔 보자." 그 말 한마디에 넘어갔다. 그렇지 않아도 믿을 수 있고 신선한 식재료를 식탁에 바로 올리는 팜 투 테이블Farm to table에 관심이 많았다. PD가 절대 예능은 아니라고 했는데 알고 보니 리얼 농사 버라이어티 〈인간의 조건〉이었다. 애초 제안과 달라 고민이 됐지만 농사를 짓는다는 사실에는 변함이 없었기에 출연을 결정했다. 리얼 버라이어티답게 대본도 없고 메이크업도 없다. 마이크만 꽂고 농사를 짓는데 정말 많이 배운다.

대지가 아닌 공중에 텃밭을 만들었다. 100평 남짓한 영등포구청 옥상에 진흙을 퍼서 발로 밟고 물을 댔다. 양상추, 깻잎, 쑥갓부터 루꼴라, 로메인, 아마란스 등 수입 작물까지 채소 34종을 심었다. 바질, 파슬리, 타임 등 허브 14종과 아이스플랜트, 멕시칸 오이 등 희귀 작물 6종도 있다. 얼마 전에는 수확한 바질로 '최현석표 바질 페스토'를 만들어 완판시켰다. 나중엔 갓을 심어 갓김치를 담그고 싶다.

옥상 텃밭이라고 밭뙈기만 있는 게 아니다. 한 가운데 논을 만들고 벼를 심었다. 그가 가장 애정을 쏟은 작물이기도 하다. 모내기를 하고 직접 공들여 길러 보니 음식 앞에 한없이 겸손해진다. 농사에 대한 애착도 생겼다. 만성 피로에 허리까지 다친 상태에서 무리하다가 8일간 몸살로 앓아눕기도 했다. 주인을 닮아 벼도 키가 엄청 크다. 올해 가뭄이 심했는데 옥상 텃밭이니 물은 원 없이 대줬다. 추석 전에는 탈곡을 마치기를 고대하고 있다. 직접 땀 흘려 심고 키운 쌀알을 만지면 기분이 묘할 것 같다.

HYUN SEOK
IN
wonderland

최현석의 자 • Photograph by 박준석

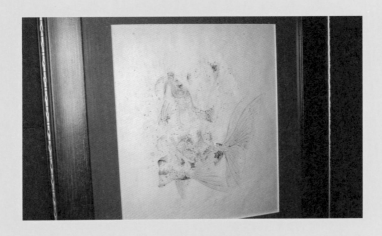

그의 팬 카페인 '크레이지 키친'의 슬로건은 '킵덕 Keep duk'이다. 최현석 '덕후'들이 '덕후' 최현석을 지켜 준다는 의미다. 아내와 딸도 침범하지 못하는 '로봇 서재'엔 마징가Z, 태권V, 오모로이드, 혹성전자 로봇 등 고전 애니메이션의 초합금 피규어가 빼곡하다. 모두 합하면 수천만 원 상당이다. 요리를 안 했다면 무술인이 되려고 했다던 그는 한때 우슈 신동으로 불리기도 했고, '레이'와 '아스카'라고 이름 붙인 기타를 틈만 나면 연주한다. 뭐든 한번 꽂히면 한동안 그야말로 미쳐 지낸다. "술 담배는 입에도 안 댄다"는 마흔넷, 이 남자가 노는 법을 살펴본다.

그림

어릴 때 친척들의 집에는 전부 아버지가 그린 유화가 걸려 있었다. 최현석의 예술적 재능은 아버지를 빼다박았다. 사춘기 시절엔 헤비메탈에 빠져 뿔 달린 악마를 즐겨 그렸다. 그런데 어느 날부턴가 귀신이 보이기 시작했다. 남들에게 얘기하면 다들 미쳤다고 했다. 마지못해 교회를 다니기 시작했다. 그때부터 무섭고 잔인한 그림 대신 예수를 상징하는 물고기를 그렸다. 비늘을 묘사하는 게 그렇게 재밌을 수가 없었다. 그는 요즘도 SNS에 물고기 펜화를 올린다. 레시피를 개발할 때도 그림을 그리며 구상한다. 스케치를 하면 요리의 맛이 머릿속에 생생하게 그려진다.

음악

어머니에겐 카세트테이프가 많았다. 어느 날 그것들을 몰래 들었다. 테이프 속 남자는 기타와 피아노를 치며 세레나데를 불렀다. "오늘은 당신을 생각하며~", "그토록 다짐을 하건만~" 아버지의 목소리였다. 최현석도 교회에서 어깨너머로 기타를 배웠다. 긴 다리를 꼬고 기타 치며 노래하는 '교회 오빠'는 여러 여자를 울렸다. 타고난 성량으로 가스펠 싱어를 꿈꾸기도 했지만 '영발'이 모자라 포기했다. 사역을 하기엔 흙탕물이 너무 튄 것 같았다. 직접 작곡한 가스펠송만 10곡이 넘는다.

로봇

짜장면이 250원 하던 시절, 아버지는 7천 원짜리 '스타징가' 로봇을 사 주셨다. 돌아가신 아버지가 그리울 때마다 그 녀석을 만지작거렸고, 얼굴이 미묘하게 다른 버전으로 여섯 세트를 사들였다. 그때부터 로봇에 대한 집착이 시작됐다. 상자까지 다 있는 완품이라야 가치가 있었다. 에반게리온 시리즈와 태권V, 마징가의 여친들은 '레어템'이다. 경매에서 수백만 원에 거래된다. 주방에서 한껏 예민해져 스트레스를 받다가도 집에 와서 녀석들을 보면 입꼬리가 올라가는 게 느껴진다. 그에게 로봇은 간직하고 싶은 순수다.

야구

키가 커서 농구도 곧잘 했지만 야구만큼 재밌진 않았다. 신혼일 때도 주말이면 새벽부터 글러브를 챙겼다. 남편 얼굴 보기 힘들었던 아내는 "세상에 야구라는 스포츠가 제발 사라졌으면 좋겠다"고 빌었다. 5년 전 최현석은 레스토랑 식구들과 함께 사회인 야구단 '엘본즈'를 창단하고 선발 투수를 맡았다. 창단 초기엔 손발이 맞지 않아 어이없는 실수가 많았다. 정식으로 3부 리그에 가입한 첫해 성적은 1승 9패, 그 다음 해는 승률 5할, 그 다음 해엔 플레이오프에 진출했다. 이제는 자타공인 강팀이다. 최근 그는 연예인 야구단으로 잘 알려진 '천하무적'에도 가입했다. 그런데 마운드에서 감정 기복이 있다고 이 팀에선 투수를 안 시켜 준다.

평소엔 자신 있던 노래도 무술도 야구도 막상 판을 깔아 주면 제 실력이 안 나오곤 했다. 수천 번을 쳤던 기타 리프를 카메라 앞에만 서면 버벅거렸다. 그런 경험을 통해 언제 어느 상황에서도 망치지 않는 건 요리밖에 없다는 사실을 알았다. 요리만큼은 방송 중 어떤 돌발 상황이 생겨도 순발력으로 극복할 수 있었다. 이를 업으로 삼고 나머지가 취미에 그친 이유다. 그는 주방 밖에서의 다채로운 '덕질'이 상식을 깬 '크레이지 레시피'를 가능하게 했다고 말한다. 이루지 못한 꿈들을 만지작거리며 오늘도 즐거운 취미 생활을 계속한다.

프로마주

- 절친 오세득 인터뷰
- 주방 막내 한만재 인터뷰
- 스타 셰프 레스토랑

프랑스 가정 식탁에 빵과 포도주와 함께 빠질 수 없는 것이 바로 치즈다. 대식가로 알려진 프랑스인들은 여러 코스의 식사를 즐긴 뒤 그 정도 양의 치즈를 먹는다. 종류만 400여 가지가 넘어 1년 365일 한 가지씩 먹어도 모두 맛볼 수 없다.

Fromage

Choi Hyun-seok

SE - DEUK
best friend

최현석은 그를 가장 잘 아는 친구로 단번에 오세득을 꼽았다. 이에 오세득은 "허세가 허당을 골랐다"며 흔쾌히 인터뷰 날짜를 잡았다. 서래마을의 터줏대감 격인 프렌치 레스토랑 '줄라이'의 오너 셰프인 그는 요즘 최현석보다 더 바쁜 남자다. 백종원의 후임으로 들어간 〈마이 리틀 텔레비전〉에서 구수한 '부장님 개그'를 구사하며 단숨에 대세로 떠올랐다.

그는 방송을 통해 띠동갑 여자친구와의 연애사를 공공연히 밝혀왔다. 레스토랑에 마침 그녀도 와 있었다. 까무잡잡한 피부에 긴 생머리, 수수한 민낯으로 예쁘게도 웃었다. 오세득은 그녀를 옆으로 데려와 앉혔다. "같이 해도 되죠?" 나와 여자 친구는 동시에 녹음기를 켰다. 이제 갓 100일을 넘긴 여자 친구를 앞에 두고 첫사랑 얘기부터 물었다.

방송에서 첫사랑 때문에 요리를 시작하셨다고 하셨는데.
하하하하. 이야, 첫 질문부터 세다.

여자 친구는 "제가 있을 자리가 아닌 것 같다"며 웃었다. "뭐 어때, 다 아는 건데. 너도 남자 많았잖아." 티격태격하는 둘 사이엔 열두 살 나이차가 느껴지지 않았다.

그냥 재미로 하신 얘기였죠? 고등학교 때 데이트를 해야

하는데 학생이 돈이 어디 있어요. 문제집 산다고 부모님께 거짓말해서 맛있는 거 사주곤 했는데 한두 번이지 미안하더라고요. 어느 날 밥을 먹다가 "내가 이다음에 훌륭한 요리사가 돼서 맛있는 거 해 줄게." 하고 요리를 하게 됐죠.

정말 그 이유 때문에? 그때 사실 뭘 해야 할지 몰랐어요. 마침 AFKN에 나오는 요리 프로그램이 재밌어 보이더라고요. 우리나라는 아줌마가 나와서 MC 아저씨랑 뚝딱뚝딱 하는 게 다였는데 걔네들은 방청객이랑 쇼를 하듯이 하는 거예요. 와, 저거 되게 재밌네, 나도 해보고 싶다! 그랬죠.

막내 생활은 어디서 시작하셨어요? 대학을 조리학과를 들어가서 군대 제대하고 실습을 갔어요. 한솔 오크밸리에 있는 레스토랑이었는데 거기서부터 인생이 꼬이기 시작했어요. 하하.

일을 하다가 미국 유학을 가셨다고요. 하루는 서점에 갔는데 외국 요리책들이 있었어요. 딱 펼쳤는데 이건 무슨 딴 세상인거예요. 같이 간 사수 형이 그래요. "양놈들은 요리를 참 기차게 한다. 어떻게 요리에다가 커피를 넣을 생각을 했지?" "커피? 무슨 커피?" "봐라, 여기 맥스웰." 잘 섞으라는 mix well을 보고 커피인 줄 안 거예요. 하하하. 뭐 그런 일도 있었는데, 암튼 외삼촌들이 미국에 많이 살았어

요. 서양 요리를 할 거면 여기 와서 배워 보는 게 어떻겠냐고 권유를 해 주셨고요. 그래서 갔죠.

졸업하신 ICE(Institute of Culinary Education)가 뉴욕 맨해튼에 있는 요리 명문이죠? 명문과 삼류를 뭐로 나누나요? 전 한국에선 삼류 축에도 못 끼는 핫바지 학교 나왔는데요. 웬만한 미국 학교들은 철저하게 비즈니스라 돈 내면 들어가요. 전통 있는 곳이긴 해요. 한 40년 됐으니까.

요리 학교가 학비가 아주 세죠? 아우, 비싸죠. 제가 다닐 때만 해도 6개월에 3천만 원 정도 한 것 같아요.

몇 년 과정인가요? 따로 과정이 나뉘어 있진 않아요. 6개월은 패스트리, 6개월은 조리, 나머지 3개월은 매니지먼트, 근데 저는 조리만 배웠어요. 기간은 자기가 정하기 나름이에요.

그럼 유학을 가서 프랑스 요리를 본격적으로 배우신 건가요? 학교는 뉴욕에 있었는데, 졸업하고 처음 들어간 식당이 프렌치 레스토랑이었어요.

한국 사람들은 양식 하면 파스타, 스테이크를 떠올리잖아요. 프랑스 요리는 뭐가 다른가요? 프랑스, 이태리, 미국 요리 다 어떻게 나눠요? 스웨덴 요리도 비슷해요. 버터를 쓰면 프렌치고, 올리브유를 쓰면 이태리고, 식용유를 쓰면 미국이고, 참기름 쓰면 한국이고… 한국에서도 마늘 쓰면 한식이고, 양파 쓰면 중식이고, 생강 쓰면 일식이고… 뭐 이렇게 나눌 수도 없잖아요, 사실.

그래도 프렌치 레스토랑 간판을 달고 계신데. 프렌치 특징이라면 와인을 좀 많이 쓴다는 정도인 것 같아요. 소스가 강한 편이라. 근데 저도 잘 구분 못해요. 프렌치 레스토랑 가도 리소토, 파스타 팔고, 이태리 가도 버터 쓰는 요리들 많이 있거든요. 이제 시대가 변해서 어느 나라 요리가 아니라 누구 요리냐가 중요해졌죠. 예를 들어 분자 요리가 한때 막 유행했었잖아요. 분자 요리는 어느 나라 요리예요? 몰라요. 요즘 중국 식당에 가면 푸아그라를 튀겨 내와요. 언제부터 중국 사람들이 푸아그라를 먹었다고.

132

유학파하고 비유학파하고 필드에서 차이가 나나요? 똑같
아요. 미국서 배우나 한국서 배우나 누구 밑에서 배우는지
가 중요하죠. 요즘엔 유학 갔다 온 사람이 많아서 외국 나
가서 배운 거 그대로 가르치거든요. 자기가 하기 나름이에
요. 유학 갔다 왔다고 성공했으면 다 잘되게?

오세득은 2005년 귀국 당시 서른의 나이에 신사동 '비스
트로d' 셰프로 스카우트 되면서 업계의 주목을 받았다. 첫
레스토랑을 성공적으로 이끌고 2007년 1월 '줄라이'를
오픈하면서 오너 셰프가 됐다. '줄라이'가 지난 8년간 굳
건한 입지를 다져 온 비결은 접시에서 계절을 느낄 수 있
는 최상의 식재료다.

오너 셰프 레스토랑이 흑자를 내기 힘들다고 들었습니다.
네, 정말 힘들어요. 이름이 걸려 있기 때문에 아무래도 뭔
가 더 주게 돼요. 그래서 부도도 두 번 맞았고.

그래도 최상의 식재료만 고집하나요? 아무래도 고객들의
기대치가 있으니까요. 그분들이 저를 믿고 오셨는데 그런
것마저 없으면… 소규모 오너 식당의 메리트가 사라져요.

정말 새벽 3시에 일어나서 장을 보러 가요? 옛날에는 그
랬죠. 지금은 방송도 먹고 빠져 가지고. 하하. 요즘은 알아
서 좋은 게 들어와요. 여기저기서 써 달라고 막. 하하. 잘
주시더라고요.

스쿠터 타고 다니셨다고요. 아침에 차가 너무 막히니까 스
쿠너 타고 가서 신선한 재료 사 와서 어렵사리 예약하고
찾아오신 고객들에게 탁 드리고 했었죠. 지금은 못해요.
여자 친구가 오토바이 타는 걸 싫어해서. 손님들이 여자
친구 때문에 좋은 걸 못 드시죠. 아, 난 신선한 재료 쓰고
싶은데, 차에 실어서 오면 안 신선해요. 차 막히고 뜨겁고
이래서. 오토바이에 싣고 와야 바람을 싸악 맞으면서…

이때다 싶었나 보다. 여자 친구를 바라보며 스쿠터 예찬론
을 한참 펼쳤다. "타면 죽인다 그래 가지고…" 허락받기는
힘든 눈치였다. 주말엔 시장 대신 전국 각지로 식재료 원
정을 간다. 오세득은 그중 제주도를 최고로 꼽았다.

제주 출신은 아니죠? 네, 저 서울 저기, 김득순 산부인과에
서 태어났는데?

제주도에서 나는 음식이 왜 좋은가요? 한라산을 중심으로
반경 50킬로 안에 없는 재료가 없어요. 생선, 돼지고기, 닭
고기… 다 최상이죠. 쌀만 빼면 자급자족이 가능해요.

제주에서 녹차 농장을 하신다고요. 네, 원래 닭도 키우고
뭐도 키우고 했는데 지금은 거의 녹차만.

제주에도 레스토랑을 낼 건가요? 물론이죠. 그걸로 작업
했어요. 제주도 가서 한다니까 바로 넘어오더라고요.

무슨 질문을 해도 기-승-전-여친이다. 아무래도 빨리 본
론으로 들어가야 했다.

최현석 셰프 얘기 좀 할게요. 네, 신나게 씹어야지. 흐흐.

두 분이 언제부터 친하셨어요? 요리사 모임도 있었고, 그
전에도 동종 업계에 있으면서 서로 알고는 있었어요. 행사
를 같이 하면서 5년 전인가부터 급격히 친해진 것 같아요.

요리사들은 만나면 뭘 먹으러 가요? 맛집 가죠. 아, 특이한
식재료 파는 데도 많이 가요. 전에 현석이 형은 기러기 고
기 파는 데 데리고 갔었고.

기러기 고기는 무슨 맛이에요? 사실 모스크바 덕인데, 사
람들이 기러기 고기라고 해서 팔아요. 김포에 있는 석굴

아래서 파는데, 그때 진경수 셰프님하고 같이 갔더니 진 셰프님이 "아, 나 이거 못 먹겠다. 나 기러기잖아." 하는 거예요. 으하하하하. 진 셰프님은 그전에 당나귀도 한 번 사 드렸어요. 담백하고 괜찮아요.

방송에서 보는 최현석과 내가 아는 최현석은 뭐가 제일 다른가요? 안 그래 보여도 방송 울렁증이 있어요. 가끔 말을 막 더듬잖아요. 카메라 없으면 안 그래요. 방송을 위해 캐릭터를 잘 잡은 거죠. PD들 정말 냉정하거든요. 재미없으면 절대 안 불러요. 형이 밑에 직원이 50명이 넘는데 레스토랑에서 그렇게 소금 뿌리고 있겠어요? 애들이 다 그거 따라 하고 있어 봐요, 난리 나지. "이 새끼야, 소금 어디다 뿌려 이씨."

인터뷰 때 보니 정말 주방에선 카리스마가… 뭔 카리스마는 카리스마야, 개뿔. 머리 갈라진 거 봤어요? 머리가 갈라지마야, 갈라지마.

'줄라이' 주방엔 굉장히 비싼 장비들이 많다고 들었어요. 최 셰프는 강호의 고수처럼 칼 욕심도 없다던데. 전 쓸 줄 아니까. 형은 쓸 줄 몰라요. 고기도 먹어 본 사람이 먹는다고. 하하. 제 주방을 거친 애들은 어디 가서도 적응을 잘 할 수 있게 해 주고 싶었어요. 허접한 주방에 있다가 나중에 어디 가서 수입 장비를 다루게 되면 어떻게 만지는 줄도 몰라서 막 부수거든요. 그 비싼 걸. "너 이런 거 안 써 봤냐? 거기 이런 거 없어?" 이런 말 듣는 게 너무 싫었어요.

좋은 장비를 쓰면 요리도 잘 나오나요? 맛이 더 좋아진다기보다는 일손이 좀 줄 수 있죠. 최대한의 능률을 발휘할 수 있어요.

최 셰프는 '재밌게 일하자'가 신조라는데 '줄라이' 주방 분위기는 어떤가요? 무슨 소리예요? 거기 재미없어요. 애들

자주 바뀝니다. 으하하. 우리 애들은 저를 투명 인간으로 봐요. 있는 듯 없는 듯.

전혀 터치를 안 하세요? 우리 애들은 같이 오래 일했어요. 요리사는 스나이퍼예요. 한 방에 고객한테 명중을 시켜야 돼요. 잘못 맞추면 바로 총알이 날아오죠. 음식에서 뭐가 나왔어요. 지배인 부르고, 주방으로 날아오겠죠? 피를 안 보려면 한 방에 맞춰야죠. 그런 마인드를 애들이 갖고 있기 때문에 알아서 잘 해요. 이제 머리가 커서 잔소리 듣기 싫어 가지고. 잘못하면 주방에 들어오고 잘하면 안 들어오니까, 오지 말라고 잘하더라고요.

셰프들이 방송에 하도 나오니까 본업으로 돌아가라는 댓글이 많습니다. 첫째, 댓글을 안 봐요. 둘째, 할 얘기 있으면 직접 와서 하는 게 좋아요. 앞에서 말 못하는 건 들을 가치도 없는 거죠. 사람들이 보면 내가 방송만 하는 것 같잖아요? 한 주에 녹화를 다 하는 게 아니거든요. 요리사도 주 5일제예요. 쉬는 날 가서 방송하는 셰프들이 많아요. 다 본업이 있으니까. 뭐 레스토랑에 가면 없다고요? 있죠. 홀에 나가지 않을 뿐이에요. 여기저기서 사진 찍어 달라고 하면 다른 고객들이 식사를 망쳐요.

방송이 일종의 여가 활동이네요. 가수가 연기하고 연기자가 가수하면 뭐라고 안 하잖아요? 그렇다고 우리가 뭐 연기하는 것도 아니고, 우린 가서 요리하잖아요.

이연복 셰프는 방송 출연 이후에 단골이 줄었다던데요. 저희는 비슷해요. 테이블도 몇 개 안 되고, 고객층이 방송에 좌우지되는 분들도 아니에요. 근처에 법원이 있어서 법조계나 정치인 분들이 많이 오시니까 저를 모르는 분이 더 많아요. 그분들이 쿡방 보겠어요?

방송을 시작한 게 재소자 교화, 노인 복지 사업에 관심이

많아서라고. 네, 제 꿈이에요. 예전에 편지를 받았는데 소년원에 있는 아이들이 나와서 할 게 없다는 거예요. 지금 지방에 가면 베트남 사람들이 주방에서 일하거든요? 진짜 외식업 일손 부족해요. 전과자들이 사회 적응하기가 힘든데, 주방은 주방만의 사회가 따로 있거든요. 그 사회에 적응시키는 건 가르쳐 줄 수 있을 것 같았어요. 누구한테 요리해 준 적 있어요?

가끔 있죠. 어때요, 기분이?

좋죠. 맛있게 먹으면. 그렇죠? 그분들도 마찬가지예요. 전에는 남을 배려하는 마음이 부족해서 사기를 치거나 누군가에게 고통을 줬겠지만, 요리를 배우면 남을 배려하는 마음이 생겨요. 간이 맞을까, 혹시 짜진 않을까를 생각하면서 상대를 존중하게 되죠. 맛있게 먹으면 나도 뭔가를 해서 남을 행복하게 해 줄 수 있다는 자신감도 생기고.

노인 복지사업은 어떤 건가요? 탑골공원 같은 데 가면 60대 초반의 할머니들이 노셔요. 놀고 싶어 노는 게 아니거든요. 각자 어머님이 가장 잘 만드는 반찬 하나씩 있죠? 할머니 서른 분만 모아도 진짜 맛있는 반찬이 30개가 나와요. 할아버지들은 배송 담당이죠. 그래서 반찬 사업을

해 보면 어떨까 하는 생각을 해요. 구내식당 없는 기업, 1인 가구, 식당들이 다 고객이죠.

그는 인터뷰 전 방금 얘기한 일들에 대한 미팅을 하고 왔다고 했다. 요리를 통해 사회에 공헌하고 싶다는 점에서도 두 셰프는 통하는 게 많을 것 같았다. 여자 친구는 가만히 귀를 기울이며 곁을 지켰다. 같이 인터뷰를 하는 건 처음이란다. 둘의 얘기를 물었다.

어떻게 만났어요? 비싼 여자예요. 송로 버섯으로 꾀었어요. 매장 홍보차 SNS에 송로 버섯이 들어왔다고 올렸는데 그걸 보고 찾아온 거예요. 별로 있어 보이지도 않는 애가, 하늘색 남방에 아이보리색 면바지 입고서는 송로 버섯 사러 왔다고.

레스토랑에서 식재료를 팔기도 해요? 안 팔아요. 전에 여행 갔을 때 먹었는데 그게 생각나서 해 먹고 싶어 사러 왔다고. 그래서 뭐하는 앤지 물었더니 알바를 한대요. 그래서 작은 거 하나를 그냥 줬어요. 돈을 낸다기에 "나중에 돈 벌면 와라, 학생이 무슨 돈이 있다고." 하면서 혼냈죠. 알고 보니 엄청 잘 버는 거예요. 음악 전공해서 레슨을 하는데 10분에 얼마더라. 와.

둘은 같은 분당에 살았다. 그녀는 그가 요리사인 줄만 알았지 TV에 나오는 사람인 줄은 몰랐다고 했다. 그저 배 나온 동네 아저씨였다.

어떻게 연인으로? 제주도 농장(사진)에 첫 차를 수확하러 갔어요. SNS에 '제주에 놀러 오실 분들은 만나요.' 했더니 마침 다른 일행하고 왔더라고요. 그때까지만 해도 그냥 곱게 자라서 놀러나 다니는 한량인 줄 알았어요. 그랬는데 궂은일을 너무 잘 하더라고요. 의외여서 마음이 흔들렸고, 이런 애하고 살면 참 좋을 것 같다는 생각이 들었어요. 나이차가 커서 고민이 됐죠.

그래도 셰프님이 동안이시니까. 그렇죠? 별로 차이 안 나 보이죠? 하하. 그런데 터키를 간다는 거예요. 돌아온 게 어버이날이었는데 부모님 대신 얘 만났어요. 우리 100일이 광복절인데 제 주민등록상 생일이 광복절이에요. 이 친구도 생일이 광복절. 여자 친구 부모님하고도 띠동갑이고요. 집에 토끼가 네 마리죠.

곧 좋은 소식이 들리겠네요. 그랬으면 좋겠어요.

우연이 겹치면 필연이라던데 오세득은 방송을 통해 그녀와 내년에 결혼하고 싶다는 소망을 비치기도 했다. 둘만의 시간을 더 빼앗기 미안해 마지막으로 물었다.

오세득에게 최현석은 어떤 존재인가요? 농담으로 우린 송대관-태진아, 톰과 제리라고 하는데 둘이 참 죽이 잘 맞아요, 이상하게. 사실 지금은 형이랑 요리로 얘기할 나이는 지났고요, 이젠 인생에 대한 대화를 나누는 사이가 됐죠. 현석이 형과 저에 대해서 제일 잘 아는 사람이 우리 둘일 거예요, 아마.

세상 모든 걸 요리로 만들겠다고 덤빈 최현석이나, 식재료 찾아 전국 방방곡곡을 누빈 오세득이나 '크레이지 셰프'인 건 매한가지였다. 그러나 그들의 광기는 분명 사람을 행복하게 하는 쪽이었다. 오늘 저녁만은 집밥이 먹기 싫었다.

MAN-JAE
junior staff

엘본 더 테이블의 주방 막내 한만재 군(23)을 만났다. 출근한 지 이제 3개월. 팔뚝에 검댕을 묻히고 말갛게 웃는 그에게 무얼 하다 왔느냐 물었더니 숯을 퍼 나르다 왔단다. "막내라서…" 많은 의미가 담긴 한마디였다. 언젠가 해외로 나가 세계 곳곳의 요리를 경험하고 싶다는 그는 최현석 밑에서 요리사 인생의 첫발을 떼고 있다.

요리는 언제부터 했어요? 중학교 3학년 때 요리 학원을 다니면서 한식을 공부했어요. 서서울생활과학고로 진학한 뒤에는 본격적으로 양식을 배우기 시작했고요. 요리의 시각적 아름다움에 빠져서 교내 요리 기능반에 들어가 대회 준비를 했어요. 대회 요리는 특히 더 예뻐야 하거든요. 디저트 쪽을 주로 만들었는데, 하나씩 완성할 때마다 성취감이랄까. 이 길이 내 길이다 싶었어요.

하고 많은 레스토랑 중 엘본 더 테이블에 왔는데. 요즘 쿡방이 대세잖아요. 저도 자주 봤거든요. 최현석 셰프님이 방송에서 보여 주는 요리는 남들과 다른 점이 많아요. 저도 저만의 스타일을 갖춘 요리를 하고 싶거든요. 셰프님 밑에서 배우면 어떨까 하는 호기심이 컸어요.

여기가 첫 직장이죠? 정식 직장은 여기가 처음이에요. 고등학교 졸업하고 영어도 배우고 현지 요리도 맛볼 겸 뉴질랜드에 1년간 다녀왔어요. 언젠가 외국에서 일하고 싶거든요. 한국에 돌아와 군 제대하고 2주 만에 이곳으로 출근했어요.

출근 첫날 기억나요? 당연하죠. 기대가 엄청 컸거든요. 드라마에서 보던 것처럼 엄청 바쁘더라고요. 이것저것 시키는데 하나도 못 알아듣고… 정신없이 오전 시간이 끝났어요. 좀 쉴까 했더니 쓰레기장을 청소하고 오래요. 혼자 내려가서 물로 닦고 비질을 했죠. 다 하고 오니까 쉬는 시간이 끝나서 부랴부랴 밥 먹고 다시 일하는데… 저녁 타임은 점심이랑은 또 다른 거예요. 바쁜 와중에 얼빠진 애처럼 서 있다가 혼만 나고. 정말 힘들었어요.

퇴근길에 친구들과 한잔했겠어요. 아뇨. 일 시작하고 한 달간 친구들 얼굴도 못 봤어요. 몸이 지치니까 그냥 집에서 쉬고 싶더라고요. 아직도 그래요. 시간이야 얼마든 낼 수 있지만 피로를 제대로 못 풀고 다음 날 출근하면 형들한테 빠졌다는 소리 들을까 봐.

아침엔 몇 시에 나와요? 7시 반에 집을 나서서 버스를 타고 오면 8시 50분에 도착해요. 오자마자 셰프님과 형들이 입을 옷을 다 걸어 놔요. 그 다음엔 마무리가 안 된 설거지가 있으면 해 놓고, 아침 영업을 위한 테이블 세팅을 하죠.

그리고 작업 리스트를 보면서 그날 쓰일 식재료 정리를 미리 해 두는 게 아침 일상이에요.

주방에서 어떤 역할을 담당해요? 메인 요리 옆에 나가는 가니쉬를 만들고 오븐을 봐요. 또 형들이 요리할 때 바로바로 쓸 수 있게끔 재료를 꺼내고 다듬는 걸 맡아서 해요.

처음엔 칼질이나 양파 까는 것만 배우는 줄 알았는데. 하하. 그런 것도 하죠. 제가 주로 야채 다듬는 일을 하거든요. 성격이 급해서 감자 깔 때도 필러로 대충 까는데, 형들이 칼을 써서 돌려 깎는 습관을 들여야 한다며 칼질을 다시 가르쳐 줬어요. 일의 순서를 정해서 하나하나 체크하는 습관을 기르는 것도 알려 줬죠. 처음엔 덤벙대다가 엎지르고 깨뜨리고 해서 혼났는데 지금은 좀 나아졌어요. 근데 주문서 보는 건 아직도 정말 어려워요.

주문서요? 주문서를 보고 요리가 나가는 순서를 잘 잡아야 하거든요. 코스 요리가 나갈 때 파트별로 메뉴가 제시

간에 나가려면 조리 시간을 잘 체크해야 돼요. 며칠 동안은 퇴근할 때 주문서를 다 챙겨 들고 와서 메뉴도 외우고 시간 체크도 하면서 공부했어요. 아무리 피곤해도 그건 꼭 하고 잤어요.

주방에서 가장 해 보고 싶은 요리가 있다면? 로브스터 샐러드요. 일단 예쁘거든요. 하하. 먼저 검고 반짝이는 접시에 어린잎과 로브스터를 슬라이스해서 올려요. 그 위에 트러플 허니 드레싱을 뿌리고 튀긴 대파채를 장식해요. 대파채를 튀기면 금빛이 나거든요. 그 금빛 대파채 위에 또 금가루를 솔솔 뿌리는데 정말 화려해요. 기회가 되면 꼭 만들어 보고 싶어요.

방송에서 최 셰프님은 허당기 있고 친근한데 실제론 어때요? 주방에선 절대 안 그러시죠. 셰프님이 오시면 장난치던 형들도 웃음기 싹 빼고 일에만 집중해요. 셰프님이 보셨을 때 맘에 안 드는 부분이 있으면 큰일 나거든요. 손님들 없을 땐 장난도 쳐 주시지만 바쁠 땐 진짜 무서워요.

어떨 때 화를 내세요? 항상 내시는 것 같은데… 하하. 제가 볼 땐 요리가 이상하게 나오면 정말 화를 내시는 것 같아요. 시각적인 것도 요리의 중요한 부분 중 하나로 생각하셔서 플레이팅이 살짝 어긋나거나 대충 나와 버리면 그때는… 어휴, 형들이 엄청 긴장해요.

셰프님이 잘해 줘요? 처음엔 제 이름도 못 외우셨어요. 그냥 '야'라고 부르셨거든요. 그때마다 '왜 내 이름을 모르시지? 한 달이 넘었는데.' 서운하더라고요. 어느 날 이름이 뭐냐고 물으셨어요. "네. 한만재입니다!" 하고 대답했죠. 다음 날 오시더니 "야, 나 드디어 네 이름 외웠다! 한, 만, 재!" 하하. 그때 기분 되게 좋았어요.

눈물 쏙 뺐던 기억은? 음… 한 번 있어요. 나중에 알고 보니 형들이 장난친 거였는데, 처음에 제가 눈치를 많이 봤거든요. 다들 바쁘니까 말 걸기도 힘들고. 그날도 출근하자마자 일만 엄청 하고 있었어요. 일찍 와서 재료 준비하고 설거지하고 쓰레기장 청소하고, 좋은 이미지를 주기 위해서 나름 노력했는데, 형들은 계속 잔소리만 하고 차갑게 대하는 거예요. 서러워서 설거지하다가 울었어요. 그때 한 형이 불러내서 처음은 다 힘들고, 금방 지나가니까 힘내라고, 그리고 잘하고 있다고 말해 줬어요. 그 이후론 운 적 없어요.

주방 막내라 고된 일들이 많을 텐데 어떻게 버티세요? 저희 아버지가 정말 힘들게 자수성가하셨어요. 그래서 전 어려운 일이 있을 때마다 아버지를 떠올리며 더 열심히 하려고 해요. 아버지도 그렇게 고생스럽게 일하셨는데, 아들인 제가 하지 못할 일이 있을까 생각해요.

부모님이 여기 오신 적 있어요? 아뇨. 아직 수습이라….

언젠가 오신다면 대접하고 싶은 요리는? 코스로 하고 싶어요. 첫 코스는 아까 말한 로브스터 샐러드, 두 번째 메뉴는 가지 라자냐. 저희 가게 가지 요리가 정말 맛있거든요. 세 번째는 바나나와 푸아그라를 같이 구워 얇은 초콜릿을 덮어서 내는 초코 푸아그라. 유자폼과 같이 먹는데 정말 맛있어 보여요. 저도 아직 못 먹어 봤어요. 메인으론 오븐 시배스(농어)랑 한우 안심 요리를 드리고, 디저트로 수플레까지 풀코스로 대접할래요.

스타 셰프 열풍이잖아요. 어떻게 생각하세요? 나쁘지 않다고 생각해요. 방송을 통해 자기만의 스타일을 표출하고 요리사에 대한 인식도 긍정적으로 바꿀 수 있는 좋은 기회니까요. 예전에는 요리사라는 직업이 조금은 천한 이미지였는데, 이젠 어린 친구들이 선망하는 직업이 됐잖아요. 방송에서 요리에 대한 흥미를 유발하고 관심을 높이면 요리 업계도 발전이 있을 거라고 생각해요.

어느 날 방송 섭외가 들어온다면? 요리사로서 어느 정도 위치에 올랐다고 생각될 때 한번 해 보고 싶어요. 준비가 덜된 상태로 나가 창피당하고 싶지는 않아요. 그런데 너무 먼 얘기네요. 하하.

앞으로의 꿈은 뭔가요? 여기서 2~3년 정도 경력을 쌓고 해외로 다시 나가려고요. 여러 경험을 쌓은 다음에 저만의 요리를 만드는 요리사가 되고 싶어요.

그의 눈이 은빛 연어처럼 빛나고 있었다.

Choi Hyun-seok

STAR CHEFS
in Seoul

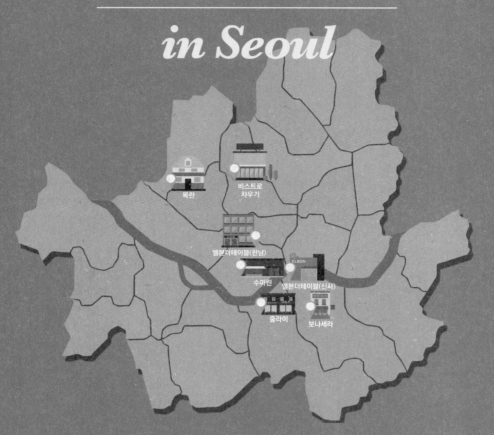

레스토랑 간판으로 회자되던 맛집은 이제 셰프의 이름으로 통한다. 미식가들 사이에서나 오르내리던 몇몇 이름은 방송을 통해 전 국민이 아는 스타가 됐다. TV에 나와 요리 대결을 펼치는 그들의 모습은 흡사 무림 고수들의 대결을 방불케 한다. 그 맛을 직접 확인하려는 인파로 레스토랑은 문전성시를 이룬다. 바야흐로 셰프 춘추 전국 시대. 맛 하나로 강호를 접수한 스타 셰프 4인과 각자의 필살기를 소개한다. 예약의 수고로움을 감당하라. 미각의 봉인이 해제된다.

 CHEF : 샘 킴(김희태)

 CHEF : 이연복

셰프계의 '성자'로 불린다. 1999년 고교 졸업 후 미국으로 건너간 그는 10년간의 외국 생활 동안 유명 레스토랑에서 일하며 학비를 모았다. 미국에서 요리 아카데미 '르 꼬르동 블루'를 졸업하고, 2009년 귀국해 이탈리안 레스토랑 '보나 세라' 총괄 셰프로 일하고 있다. 2010년 미국 스타 셰프 협회 선정 '아시아 스타 셰프'로 뽑혔다. 드라마 〈파스타〉 주인 공의 실제 인물로 알려져 명성을 얻었고, 〈냉장고를 부탁해〉 등 각종 예능에서 활약 중이다. '당신이 먹는 것이 당신을 말해 준다'는 모토 아래 '푸드트럭', '함께쿠킹' 등 건강한 음식 문화를 위한 사회 활동을 펼치며 '한국의 제이미 올리버'라는 별명을 얻었다. 저서로 《소울 푸드》,《이 맛에 요리》 등이 있다.

보나세라buonasera : 이탈리안 정통 파인 다이닝 '보나 세라'는 도산 안창호기념관 맞은편에 있다. 건물 옥상 텃밭 과 서울 근교 농장에서 직접 재배한 허브와 채소를 사용해 요리를 만든다. 매장에서 직접 뽑은 생면을 활용한 파스타와 계절별로 선보이는 새 메뉴가 이곳의 매력이다.

MUST EAT : 새우와 미나리가 들어간 끼따라면의 파스타. 에그 누들을 사용해 면의 고소한 맛을 더욱 살렸다. 자연주의 셰프 샘 킴의 철학이 담긴 건강한 맛을 느낄 수 있다.

위치 서울시 강남구 도산대로45길 18-2
영업시간 11:30~15:00, 18:00~22:30(연중무휴)
좌석 180석

43년 경력의 중화요리 대가다. 한 방송에서 셰프 레이먼 킴이 "그분의 탕수육은 1시간이 지나도 바삭거림이 사라지지 않는다"고 극찬하면서 유명해졌다. 그러나 이연복의 '목란'은 미식가들 사이에선 이미 오래된 맛집으로 통했다. 화교 출신인 그는 열세 살 때부터 아버지 지인의 중식당에서 배달 일을 시작했다. 열일곱 살부터 사보이 호텔에서 일했고 스물두 살에 대만 대사관 최연소 중식 주방장으로 이름을 올렸다. 그후 8년간 총주방장까지 오르며 승승장구했다. 이후 일본으로 건너가 살다가 1999년 10년 만에 한국으로 돌아와 강남과 종로에 중식집 '목란'을 열었다. 손만두와 동파육 등을 팔아 소위 대박을 쳤다. '목란'은 2013년부터 연희동으로 옮겨 손님을 맞고 있다.

목란木蘭 : 중식 레스토랑 '목란'은 연희동의 호젓한 골목에 있다. 가정집을 고급스럽게 개조했다. 아이돌 그룹 빅뱅의 멤버 지드래곤과 탑도 인증 사진을 남겼던 이곳은 3개월 전에 예약해야 할 정도로 손님이 줄을 잇는다. 탄탄면, 배추찜, 탕수육, 유린기 등 베스트 메뉴가 다양하다.

MUST EAT : 단연 동파육이다. 메뉴판에서는 찾을 수 없는 메뉴로 최소 이틀 전에 예약해야 맛볼 수 있다. 소스에 재워 낸 오겹살과 살짝 데친 카이란의 조화가 일품이다.

위치 서울시 서대문구 연희로15길 21
영업시간 11:30~21:30(월요일 휴무)
좌석 100석

 CHEF : 정창욱

 CHEF : 이형준

〈냉장고를 부탁해〉에서 선배들을 번번이 이겨 '맛깡패'로 불린다. 출연한 셰프들 중 처음으로 10연승을 했다. 음식에서 머리카락이 나온 뒤 스태프들에게 경각심을 주려고 머리를 밀었다. 비니를 쓰고 다녀 '골무 셰프'란 별명도 있다. 재일 교포 4세인 그는 열아홉 살부터 8년간 한국어-일본어 동시 통역사로 일했다. 프라이팬은 뒤늦게 잡았다. 2007~2009년 일본 '스쥬 다이닝'에서 근무하며 경력을 쌓았다. 일본인들은 그의 이름을 발음하지 못해 '차우기'라 불렀다. 2010년 한국에 와 종로구에 '식당 차우기'를 열었다. 2014년 '비스트로 차우기'로 리뉴얼했다. 쿡방에 출연해 절정의 인기를 누렸지만 지난 8월 요리에 매진하고 싶다며 모든 방송에서 하차했다.

비스트로 차우기bistro chaugi : 창덕궁 맞은편에 있다. 정창욱이 유명해지면서 예약하기 더욱 힘들어졌다. 최소 한 달은 기다려야 한다. 코스 메뉴는 자주 바뀐다. 보통 인기 메뉴가 있으면 매상을 올리기 위해 고정되지만 그는 안주하지 않는다. 최현석의 표현처럼 '자유로운 영혼'답다.

MUST EAT : 아이올리 소스의 새우. 차가운 새우에 스페인 마요네즈인 아이올리 소스가 잘 어우러진다. 함께 곁들여진 퀴노아가 풍미를 더한다.

위치 서울시 종로구 율곡로6길 31
영업시간 12:00~14:30, 18:00~22:00(일요일, 공휴일 휴무)
좌석 20석

원래는 디자이너가 꿈이었다. 산업디자인을 공부하려고 영국으로 떠났다가 그때 만난 일본인 친구와 런던의 미슐랭 3스타 레스토랑 '르 가브로쉬'에 갔다. 이곳에서의 식사는 이형준에게 깊은 인상을 남긴다. "디자인은 업계 최고가 아니면 힘들다"는 말에 진로를 고민하다가 디자인과 요리를 접목할 수 있겠다는 생각이 들었다. 그길로 스위스 호텔 학교에 입학해 요리 관련 매니지먼트를 배웠다. 이후 프랑스의 요리 아카데미 '르 꼬르동 블루'를 졸업했다. 귀국해 2006년 서래마을 레스토랑 '줄라이', 2007년~2011년 이태원 레스토랑 '봉에보'에서 오픈 멤버로 일했다. 2011년 프렌치 파인 다이닝 '라 카테고리'에서 수석 셰프로 일하다 2014년 '수마린'을 개업했다.

수마린sous marine : '수마린'은 불어로 '잠수함'이라는 뜻이다. 이형준이 좋아하는 노래인 비틀즈의 "Yellow submarine"에서 따왔다. 지하 1층인데다 바닷속을 콘셉트로 한 디자인이 이름과 어울린다. 이곳엔 디저트 카트가 있다. 식사 후 원하는 디저트를 카트에서 골라 먹을 수 있다.

MUST EAT : 닭모래집 리소토. 포르치니 버섯으로 육수를 내고 닭모래집과 양송이버섯을 한입 크기로 썰어 올렸다. 이형준이 이태원 '봉에보'에 있을 때부터 선보였던 리소토다.

위치 서울시 용산구 한남대로20길 47-24 리플레이스 D동 지하 1층
영업시간 12:00~15:00, 18:00~23:00(일요일 휴무)
좌석 32석

Dessert

데세르

• 통영 생선 구이 조옥선 인터뷰

'식사를 끝마치다'라는 뜻의 프랑스어다. 디저트를 먹기 전에 할 일이 있다. 손 씻기다. 손 닦는 접시인 '핑거보울'이 나오면 손가락 서너 개를 물에 담갔다가 냅킨으로 닦은 뒤 후식을 먹는다.

OK - SEON

tongyeongland

미슐랭 가이드에 목맬 필요 없다. 지금 당장 서울 시내 먹자골목을 다녀도 맛집이 수두룩하다. 서울시 종로구 내자동에서 2010년부터 '통영 생선 구이'를 운영하고 있는 조옥선 사장(67)을 만났다. 점심시간이라 손님이 빼곡했다. 기다리는 동안 식사를 하고 인터뷰를 실시했다.

사장님, 맛집 인터뷰 좀 하겠습니다. 우리 집 맛집 아닌데?

제가 몇 번 먹어 보니 맛있던데요. 특색 있는 거라 그렇지. 남이 안 하는 거를 하니까. 흉내 내서 하는 음식이 아니라 어릴 때 먹던 그대로.

통영 출신이세요? 어장을 크게 했어요. 그러다 92년에 서울로 올라왔죠. 서울에 와서 자꾸 망하니까 너무 힘들더라고요. 통영 사람들은 통도 크고 후해서 음식을 내놓으면 그대로 믿고 먹는데, 서울에선 진짜를 해 줘도 의심을 하니까 속상해요.

이 집 대표 메뉴는 뭡니까? 멍게 비빔밥이 제일 유명하죠. 아무도 따라올 수가 없죠.

그건 그냥 멍게 넣고 밥 넣고 비비면 되는 거 아닙니까? 그거 가짜 멍게 비빔밥이지. 멍게는 봄에 알이 제일 통통하고 맛있어요. 지금 멍게는 시커멓고 물이 짜고… 쉽게 말하면 겨울에 사과 속이 어때요?

근데 아까 저더러 멍게 비빔밥 먹으라고… 나는 요즘 멍게를 안 쓰지. 그게 바로 나만의 비법이지.

그럼 냉동? 멍게는 냉동하면 질기고 퍼석해서 못 먹지. 그럼 어떻게 보관하느냐? 그건 비밀인데, 위에는 얼음이 싹 얼고 얼음 위에서 곰팡이가 나와요. 멍게 사포닌이 올라오는 거예요. 밑에는 멍게가 노랗게 삭아요.

누가 개발한 저장법이죠? 내가 했지. 어장을 했으니까.

에이, 그럼 통영에서 어장 가진 사람들은 다 알겠네요. 아니죠. 아무도 모르죠. 그 사람들은 저장 방법을 몰라서 냉동하는데, 내 방법처럼 신선하고 향이 나지 않아요. 아까 먹은 게 3월에 딴 거예요. 근데 맛이 어때요? 몇 달간 숙성시킨 내 멍게 비빔밥하고 생 멍게 비빔밥하고 비교하면 상대가 안 되지. 대한민국에서 멍게 비빔밥은 내가 최고지.

요식업은 여기가 처음인가요? 말하자면 역사가 길어요. 92년에 서울에 와서 신촌에서 커피숍을 했어요. 그러다 IMF가 와서 잘 안 되고 이번엔 재즈 바를 했는데 거기서 스테이크를 팔았어요.

스테이크 요리도 배우신 적이 있습니까? 아니지. 어릴 때 우리 애들 해 준 그 맛이니까 아무도 따라할 수가 없죠. 연세대 학생들이 우리 집에 얼마나 자주 왔는데. 시험 끝나면 우리 집에 와서 안심 스테이크 먹으려고, 그 생각하고 공부한다 그랬어요.

그 다음엔 또 뭘 하셨어요? 신촌에서 찜닭 가게를 인수한 다음에 아는 동생이랑 같이 일식집으로 바꿔서 개업했어요. 그런데 어느 날 주방장이 칼 놓고 가 버리니까 둘이서 같이 회 뜨고 했지.

초밥도 할 줄 아세요? 알지. 초밥 다 쥐지. 초대리도 다 뽑을 줄 알고. 초대리가 제일 기술이에요.

정말 대단하십니다. 그러다 신촌 상권이 망할 징조가 보이는 거야. 눈에 보이더라고. 그래서 튄 게 홍대. 홍대입구역 5번 출구 앞에서 호프집을 했죠.

그럼 안주 오만 가지 다 만드셨겠네요? 내가 다 했지.

못 만드는 음식이 없으시네요. 그렇지. 난 다 하지. 근데 호프가 제일 쉬워요. 메뉴판에 있는 안주는 재료가 다 냉동으로 나오니까. 맛을 낼 필요가 없어. 소스만 치면 되지.

여기서 끝이 아니다. 이후에도 조옥선 사장은 시흥에서 한정식집을 했다. 이때도 요리를 직접 다 했단다. 1년쯤 영업하다가 이번엔 정육 식당을 차렸다.

고기도 잘 아세요? 안양에 큰 도축장이 있어요. 거기 고기가 전국에서 제일 좋아요. 거기서 가져 오는 거야. 누가 저사람이 제일 좋은 고기를 판다고 하면 거기 가서 얼굴 맞대고 신뢰를 쌓은 다음에 나 좀 도와 달라고 사정하는 거지. 그래서 그분한테는 소고기, 저분한테는 돼지고기.

정육 식당 다음이 바로 통영 생선 구이다. 남들은 평생 한 번 하기도 힘든 일들을 조옥선 사장은 차례로 거치며 그렇게 번 돈으로 아들딸을 유학까지 시켰다.

혹시 최현석 셰프 아세요? 키 크고 소금 착착 뿌리는… 잘 모르겠네. 백종원은 알지만. 근데 그 사람 요리는 내가 볼 때 안 맞는 게 많아요.

어떤 요리요? 된장 끓이는 게 엉터리였어. 그 사람은 재료랑 된장을 다 집어넣고 끓이던데, 된장을 미리 넣으면 안 돼. 된장을 야채 넣기 직전에, 제일 마지막에 넣어야 시원한 맛이 나와. 된장은 끓일수록 뿜어내는 맛이 있거든.

요리사들이 요리에 모양내는 건 어떻게 생각하세요? 그거야 뜨기 위해서 하는 거지. 우리 한국 사람만큼 빨리빨리 변하고 획기적인 거 좋아하는 사람이 없잖아요.

최현석 요리사는 지금까지 요리를 1000개 개발했대요. 지금 이거(고등어) 하나 가지고도 열 개는 만들 수 있어요.

맨날 하는 거니까 오늘은 이렇게 하고 내일은 저렇게 하고. 예를 들어 오늘 꽃을 봤다면 여기다 체리 하나를 꽃처럼 꽂는 거고. 개발은 따로 없는 거예요.

요즘 텔레비전에 나오는 요리사들은 죄다 남잡니다. 왜일까요? 여자는 게을러서 그래요. 음식을 하기 싫어하니까.

여기 서촌만 해도 음식하는 분들은 다 여잔데요. 그건 옛날 사람들이죠. 젊은 사람들은 안 하려고 그래. 힘드니까. 그래도 남자들은 힘이 드는 건 그렇게 안 느끼잖아. '이것 정도야' 하고 하는 거지. 여자들은 신랑 밥해 주기도 힘든데 그런 거 왜 하냐 이거지.

요리사들은 집에선 통 요리를 안 한다죠? 안 하죠. 남편하고 애들은 해 먹이지만 하기는 싫겠죠. 어제도 새벽 두 시까지 장사하고 왔으니 지치죠.

맛있는 요리를 결정하는 건 뭡니까? 양심이에요. 좋은 재료를 써야 해요. 조리할 때는 불 조절이 제일 중요하고. 다음에 내 탕을 한번 먹어 봐요. 탕은 100퍼센트 불 조절하고 시간 조절. 남들은 그걸 손맛이라고 하는데, 이 손이 맛을 내나? 불 조절, 시간 차, 소금 넣는 시간이 내는 거지.

그럼 그 기술만 익히면 돼요? 물론 타고나는 것도 어느 정도 있어요. 왜냐면 내가 좋아서 해야 되거든. 싫어서 하면 무슨 음식 맛이 나겠어요. 음식은 머리로 하는 게 아니죠.

음식 문화에 대해서 하시고 싶은 말씀은? 옛말에 손님이 왕이라고 했잖아요. 그것 좀 바꾸면 좋겠어요. 음식 하는 사람들은 자부심이 있어요. 자부심을 내걸고 음식을 만드는데 어떤 때는 그런 걸 박탈당할 때가 있어요.

근데 혹시 중화요리도 할 줄 아세요? 하지. 난 다 하지.

REFERENCE

레저산업진흥연구소, 《호텔 용어 사전》, 백산출판사, 2002.

마크 쿨란스키(이은영 譯), 《맛의 유혹》, 산해, 2009.

스토리텔링콘텐츠연구소, 《올 댓 셰프》, 이야기공작소, 2013.

아베 야로(조은영 譯), 《심야식당 1》, 미우, 2008.

우문호 외 5인, 《글로벌시대의 음식과 문화》, 2006.

유민호, 《미슐랭을 탐하다》, 효형출판, 2012.

최현석, 《요리 5요소에 의한 아트 푸드》, 낭만북스, 2013.

최현석, 《최 셰프의 크레이지 레시피 39》, 낭만북스, 2010.

폴 프리드먼, 《미각의 역사》, 21세기북스, 2009.

강민구, 〈요리사들이 존경하는 요리사〉, 《월간식당》, 2012. 4.

구선숙, 〈식탁 위의 피카소, 피에르 가니에르 "크리에이티브는 마음에서 나온다"〉, 《행복이 가득한 집》, 2008. 11.

김소영, 〈The Hottest Chefs〉, 《그라치아》, 2015. 2. 20.

김지선, 〈호텔 & 레스토랑 – '수마린' 이형준 셰프〉, 《월간 호텔&레스토랑》, 2015. 2.

김지영, 〈셰프 방송 상륙 작전〉, 《나일론》, 2015. 8.

오나래, 〈샘킴 셰프의 히든트랙 한 남자가 만드는 치유의 파스타〉, 《쿠켄》, 2013. 6.

오나래, 〈이형준 셰프의 히든트랙: 뜨거운 도시에서 쿨한 셰프와 마주 앉기〉, 《쿠켄》, 2013. 8.

오승일, 〈'최고 셰프들이 뽑은 최고의 셰프' 피에르 가니에르 – '정직함'이란 그릇에 담아낸 끊임없는 노력과 도전〉, 《포브스》, 2015. 5.

오혜숙, 〈2014's Starter 접시에 희망을 담다〉, 《에쎈》, 2014. 1.

이미주, 〈셰프의 상징, 셰프의 도구〉, 《레몬트리》, 2015. 7.

이영지, 〈익숙하지만 지루한 요리보다 새로운 요리에 도전하라! 미국 최고의 셰프 토머스 켈러〉, 《럭셔리》, 2012. 6.

정은혜, 〈에이프런을 벗고, 최현석의 사생활〉, 《여성중앙》, 2015. 3.

정지우, 〈마음을 움직이는 요리가 정답이다〉, 《맨즈헬스》, 2012. 9.

채은미, 〈샘킴의 치킨커리〉, 《엘르》, 2015. 4.

채은미, 〈'식샤'를 부탁해〉, 《엘르》, 2015. 4.

고란, 〈Special Knowledge <577> 세계의 부자 셰프 톱 5〉, 《중앙일보》, 2015. 5. 7.

곽재민, 〈세계적 레스토랑 '엘불리' 셰프 아드리아〉, 《중앙일보》, 2015. 5. 30.

구희령, 〈이들 손에 걸리면 살 수가 없습니다〉, 《중앙일보》, 2015. 7. 17.

김도희, 〈85세 프랑스 요리사 폴 보퀴즈 '20세기 최고 셰프' 영예〉, 《스포츠한국》, 2011. 3. 31.

김민아, 〈최현석, 배달음식 마니아 인증 "K사 꿀콤보 치킨은 사악한 맛"〉, 《데일리한국》, 2015. 6. 23.

김민정, 〈'냉장고' 정창욱, 10승 차지한 비결 뭘까요〉, 《스타뉴스》, 2015. 5. 19.

김양희, 〈피에르 가니에르, 세계 1위 셰프에 선정〉, 《국제뉴스》, 2015. 2. 19.

김윤정·안성후, 〈샘킴 새벽 1시 이선균에 전화 받은 사연, '삼시세끼' 뒷이야기〉, 《뉴스엔미디어》, 2015. 8. 17.

김현욱, 〈브라운관으로 들어온 요리사들, 어떻게 '대세'가 되었나〉, 《오마이뉴스》, 2015. 7. 8.

문선아, 〈배우, 감독, 작가의 최고 궁합! 종영이 아쉬운 드라마 '오 나의 귀신님' [지식용어]〉, 《시선뉴스》, 2015. 8. 31.

박대웅, 〈정창욱 셰프 식당 '비스트로 차우기' 가격은?〉, 《더팩트》, 2015. 6. 2.

박세회, 〈[허핑턴 인터뷰] 이연복 쉐프 '작은 가게 열고 아기자기하게 살고 싶어요'〉, 《허핑턴 포스트》, 2015. 5. 27.

박진우, 〈피에르 가니에르 등 세계 최고 셰프들이 펼치는 맛의 향연〉, 《에너지경제》, 2015. 2. 19.

박한표, 〈박한표 원장의 프랑스 식탁 문화와 매너〉, 《내일신문》, 2010. 4. 20.

서현정, 〈프랑스 남부 미식 투어 ①리옹의 전설적인 셰프 폴 보퀴즈〉, 《중앙일보》, 2015. 5. 20.

손정빈, 〈'심야식당' 코바야시 카오루, 다음 달 한국 온다〉, 《뉴시스》, 2015. 5. 12.

손택균, 〈세계 최고 셰프 가니에르, 그도 "맛없다" 불평하는 손님 만나면…〉, 《동아일보》, 2015. 3. 19.

신정선, 〈요리계의 피카소… 주방의 철학자〉, 《조선일보》, 2015. 8. 31.

염지현, 〈요리계의 피카소 '피에르 가니에르', 세계 1위 비결은〉, 《이데일리》, 2015. 3. 23.

용미란, 〈'냉장고를 부탁해' 정창욱 맛깡패 양갈비로 최초 10승 달성〉, 《TV리포트》, 2015. 5. 18.

유지상, 〈"즐거운 마음으로 칼 잡아야 '작품' 나오죠"〉, 《한경비즈니스》, 2015. 5. 26.

이연주, 〈이연복 셰프의 연남동 탕수육, 레이먼 킴 극찬…가격과 위치는?〉, 《아주경제》, 2015. 8. 25.

이용재, 〈[푸드스토리]맛있는 스테이크, 어떻게 만들까?〉, 《네이버캐스트》, 2012. 10. 29.

이지영, 〈윤종신·조정치·최현석·정창욱·정태호·박성광, '인간의 조건3' 멤버 확정〉, 《이뉴스》, 2015. 4. 17.

이지혜, 〈지금은 요리하는 남자가 대세 영화 속 매력 넘치는 훈남 셰프들〉, 《네이버 영화 매거진》, 2015. 3. 26.

이현경·이형석, 〈셰프 샘킴 "요리하는 즐거움 평생 알려야죠"〉, 《뉴스핌》, 2015. 3. 18.

이형석, 〈세계최고식당 엘불리의 천재셰프와 '예술'이 된 요리〉, 《헤럴드경제》, 2014. 10. 17.

이휘경, 〈'냉부' 이연복 중식당 '목란'은 어디?… "17년 동안 성업 中"〉, 《이뉴스투데이》, 2015. 6. 3.

정치섭, 〈"한 달 3만원이면 여섯 명 구할 수 있어요"〉, 《한국일보》, 2015. 8. 21.

조민정, 〈셰프들의 맛기행 생중계…SBS플러스 '셰프끼리'〉, 《연합뉴스》, 2015. 7. 9.

하지혜, 〈'인간의 조건' 최현석표 '바질 페스토' 판매 '순식간에 매진'〉, 《헤럴드리뷰스타》, 2015. 8. 9.

홍샛별, 〈[꼼꼼 직업 탐험대]요리사〉, 《소년한국일보》, 2015. 3. 11.

황지영, 〈'냉장고를 부탁해' 정창욱 '김유정 닮은꼴? 정말 미안'〉, 《TV리포트》, 2015. 1. 29.

동아닷컴, 〈'냉장고를 부탁해' 정창욱, 엄친아 스펙 "대단해"〉, 《스포츠동아》, 2015. 8. 18.

일간스포츠, 〈'냉장고를 부탁해' 최현석-샘킴-미카엘-정창욱-홍석천-김풍, 요리 대결을 선보여〉, 《일간스포츠》, 2014. 11. 6.

쿠키뉴스 콘텐츠기획팀, 〈'인간의 조건-도시농부' 최현석, '배추 모종 열등생'으로 추락… 왜?〉, 《쿠키뉴스》, 2015. 8. 29.

파이낸셜뉴스, 〈초계탕 만드는 법, 미지근한 물에서 음식을 익혀? '이원일 쉐프의 수비드 기법' 관심 Up!〉, 《파이낸셜뉴스》, 2015. 7. 24.

LA중앙일보, 〈'맛의 제국' 일군 이 사람들…이름 자체가 일류 브랜드〉, 《LA중앙일보》, 2015. 7. 18.

대한지역사회영양학회 식생활정보센터 다이어트넷, 〈프랑스의 음식문화〉

EASY FRENCH FOOD, 〈French Entrees〉

monograph

#01 / Choi Hyun Seok

Publisher
이연대 Lee Yeondae

Editor in chief
김혜진 Kim Hyejin

Editors
강로사 Kang Rosa 박세정 Park Sejung 허설 Huh Seol

Designer
이주미 Lee Jumi

Photographers
김지호 Kim Jiho 박준석 Park Junseok

illustrator
랄라파이 Lalapie

Executive advisor
손현우 Son Hyunwoo

Thanks
강석준 Kang Seogjoon 김진표 Kim jinpyo 마리오 Mario
박기애 Park Giae 박재도 Park Jaido 손서연 Son Seoyeon
심성중 Sim Seongjung 우정숙 Woo Jeongsuk
유지혜 Yoo Jihye 이형준 Lee Hyeongjun
임우석 Lim Wooseok 최영희 Choi Younghee

Distribution (주)날개물류
Printing (주)스크린그래픽
Publishing (주)스리체어스

도서등록번호 종로 마00080
출판등록일 2015년 8월 25일

ISSN 2465-7867
ISBN 979-11-953258-7-0 04080
　　　 979-11-953258-6-3 (세트)